딱
1년만!
캐나다
엄마되기

딱 1년만! 캐나다 엄마되기

엄마와 아이가 함께 성장하는
캐나다 유학 이야기

초 판 1쇄 2025년 12월 12일

지은이 임종옥
펴낸이 류종렬

펴낸곳 미다스북스
본부장 임종익
편집장 이다경, 김가영
디자인 윤가희, 임인영
책임진행 이예나, 김요섭, 안채원, 김은진, 국소리

등록 2001년 3월 21일 제2001-000040호
주소 서울시 마포구 양화로 133 서교타워 711호
전화 02) 322-7802~3
팩스 02) 6007-1845
블로그 http://blog.naver.com/midasbooks
전자주소 midasbooks@hanmail.net
페이스북 https://www.facebook.com/midasbooks425
인스타그램 https://www.instagram.com/midasbooks

ISBN 979-11-7355-616-6 03810

값 19,500원

미다스북스는 다음세대에게 필요한 지혜와 교양을 생각합니다.

딱
1년만!
캐나다
엄마되기

● 임종옥 지음 ●

엄마와 아이가
함께 성장하는
캐나다 유학 이야기

미다스북스

요즘 단기 유학이 주목받는 이유

우리나라에서 아이를 잘 키운다는 것은 정말 어려운 일이다. 아이를 잘 키운다는 의미에는 단순히 먹이고 입히고 재우기보다 더 큰 의미가 담겨 있기 때문이다. 나뿐 아니라 대부분 부모가 아이를 잘 키우기 위해 꽤 많은 시간과 돈과 노력을 쏟고 있다. 하지만 무엇이든 꼭 1등을 해야 잘 키운다는 평가를 듣는 말도 안 되는 한국 교육 특유의 분위기가 있다. 그 분위기 때문에 마치 매달 보는 단원 평가를 인생의 가장 중요한 시험인 대입 수능 보듯 온 힘을 다해 준비하며 쓸데없는 에너지를 쏟고 있다는 생각이다.

특히 영어교육에 대해서는 대부분 부모가 할 말이 많다.

나 역시 3명의 아이를 키우면서 다양한 영어교육 방법을 경험했다. 모두 내가 낳았다고는 하지만 3명 모두 타고난 성향이 달랐고 그에 따라 교육 방법도 각각 다르게 적용되어야 했다. 의도치 않게 우리나라에서 가장 뜨거운 사교육의 중심지에 살고 그 지역의 학교를 보내는 가운데 여러 기류에 휩쓸리지 않으며 내 아이에게 맞는 방법을 찾는다는 것은 어려운 일이었다.

첫째 아이는 나 역시 모든 것에 처음이기 때문에 시행착오가 많았다. 영어교육에 대해서는 우리나라에서 할 수 있는 모든 방법을 다 해봤다고 할 수 있을 정도로 다양한 시도를 했었다. 영어 유치원을 다니지는 않았지만, 그에 뒤처지지 않게 끊임없이 영어에 노출되어야 한다는 강박이 있었고 주위에 월등히 뛰어난 아이들을 보고 비교하기를 반복했다. 뒤돌아보면 아이뿐 아니라 나 역시도 무엇인지 정확히 표현할 수 없었지만 힘든 시간을 보냈다.

그 결과 첫째 아이는 즐겁게 배워야 하는 영어에 대해 힘든 언어라는 이미지를 가지게 되었고, 스스로 영어를 못하는 아이라는 생각이 깊게 자리 잡았다. 이후 오랜 시간 쌓여온 영어에 대한 부정적인 이미지는 쉽게 바뀌지 않았다. (물론 둘째 셋째 아이에게 같은 실수를 반복하지 않도록 부단히 노력했다.) 정답을 모른 채 여러 가지 방법들을 시도해 보았지만, 번번이 실패했고 결국 마지막 방법으로 캐나다행을 택하게 된 것이었다. 이렇게 영어교육에 관한 다양한 경험 과정에서 내가 내린 결론은 하나였다. 영어도 결국은 의사소통을 위한 언어이기 때문에 그동안의 잘못된 영어 공부 방법으로는 진짜 영어를 잘할 수 없다는 것이었다. 바꿔 말하면 영어권 나라의 문화와 사고방식을 먼저 익히고 나면 영어는 학습이 아닌 언어로 자연스럽게 익힐 수 있다는 가장 기본적인 것을 잊고 있었던 것이었다.

이런 관점에서 내가 택한 캐나다행은 다른 어학연수와 차이점이 있었다. 단순히 영어를 잘하는 게 목표가 아니었다. 영어로 생각하는 방법을 배우고 문법적인 접근이 아닌 쉽게 간단하게 표현하는 방법을 알고 무엇보다 영어가 어렵지 않고 단지 의사소통의 수단이라는 이미지로 다시 만드는 것이었다. `

이렇게 마음먹은 뒤 곧바로 캐나다행을 준비하고 실행했다. 5월에 결정하고 9월 학기를 가는 좀 빠듯한 일정이었지만 오랜 시간 준비한다고 더 잘하는 것도 아니었고 첫째 아이가 6학년이라 더 이상 지체할 시간적인 여유가 없었다. 그리고 무엇보다 마음먹었을 때 바로 실행해야 직성이 풀리는 급한 성격 탓에 빠르고 신속하게 캐나다행이 진행되었다.

캐나다에 오래 머물지 않고 1년을 계획한 단기 체류이기에 준비과정이 일반적인 이민, 유학과는 좀 달랐다. 한국에 돌아와서의 과정까지 준비해야 했고 3명의 아이의 한국 학교 학적 문제도 쉽지 않았다. 또 내가 학생 비자를 받아야 하는 과정도, 내가 지닌 건강 문제도 어려운 부분이었다. 하지만 유학원에만 맡기고 기다리기보다는 하나씩 직접 알아보고 준비하다 보니 빠른 속도로 진행되어 9월 첫 학기 개강이 딱 일주일 지난 시점에 무사히 입국할 수 있었다.

캐나다에서의 1년은 짧은 시간이었지만 처음 목표했던 바를 넘어 더 높은 차원의 것들은 얻은 귀중한 시간이었다고 생각한다. 아이들뿐 아니라 엄마인 나 자신에게도 꽤 의미 있는 시간이 되었다. 그래서 시행착오를 겪으며 얻어낸 많은 것들, 영어교육뿐 아니라 그 너머의 일일이 표현하기 어려울 정도의 크고 다양한 것들에 대해 나누고 싶어졌다.

캐나다에 있으면 캐나다 엄마의 마인드(mind)가 되고 한국에 있으면 한국 엄마의 마인드(mind)가 되는 게 어쩔 수 없는 현실이다. 한국에서 마인드컨트롤(mind control) 하며 아이를 키우려고 노력한다고 하지만 나도 한국에서 교육받고 자랐기에 전형적인 한국 엄마의 모습을 지우기란 정말 어려운 일이었다. 나의 의지와 상관없이 형성되는 분위기를 잘 알기에 더욱더 아이를 위해서 또 엄마 자신을 위해서 한국을 훌쩍 떠나는 시간을 가지는 것을 적극적으로 추천한다. 꼭 캐나다가 아니어도 괜찮다. 하지만 아이들을 가장 우선시해 주고 유독 따뜻한 캐나다가 아이를 편안하게 만들어 줄 것이다. 잠깐이라도 그 분위기에서 지내다 보면 엄마도 캐나다 엄마의 너그럽고 느긋한 마인드로 아이를 바라볼 수 있는 여유가 생기고 아이들 역시 캐나다 아이들의 긍정적이고 적극적인 마인드를 가질 수 있는 멋진 아이가 될 것이라 믿어 의심치 않는다.

캐나다는 아이들에게 친절하고 또 아이를 키우는 엄마에게 다른 어느 나라보다 많은 관용을 베푸는 나라이다. 그리고 엄마가 학생 신분으로 비자를 받으면 아이들을 인원에 상관없이 무상으로 교육할 수 있는 합법적인 제도가 있어 비용적인 이익도 많다. 실제로 현지에서 아이가 다섯 명인 엄마가 있었는데 모든 과정을 다 해내는 것을 보았다. 부모가 조금만 용기를 낸다면 부모는 물론 아이들이 누릴 것들이 정말 많이 있는 곳이 캐나다인 것이다.

캐나다라는 낯설고 큰 나라에서 엄마 혼자 학교 다니며 행복하게 아이 셋을 돌보았던 나의 경험들이 많은 엄마들에게 할 수 있다는 큰 용기를 주는 씨앗이 되었으면 한다.

엄마가 행동하는 만큼 아이들은 그보다 몇 배의 크기로 행복하게 성장한다. 물론 엄마 자신도 아이들 못지않게 더 많이 성장하게 될 것이라 믿는다.

캐나다의 가을은 매 순간이 영화의 한 장면 같다. 하지만 너무 짧기에…. 짧은 그 순간들을 온전히 누리기 위해 시간만 나면 자연을 찾게 된다.

CHAPTER 1

아이와 함께
캐나다 유학
시작하기

미국이 아닌 캐나다로 선택한 이유

🍁 ──── 문화 그대로 존중해 주는 캐나다

미국과 캐나다. 영어 배우러 가는 나라를 생각하면 떠오르는 대표적인 나라가 이렇게 두 곳이다. 나 역시 처음엔 미국을 생각하고 있었고 실제로 코로나 직전 2019년 겨울, 아이들과 2달 정도 미국에 스쿨링(schooling)을 다녀오기도 했었다. LA 오렌지카운티(Orange County)의 작은 사립학교에서 스쿨링(schooling)한 경험으로 캐나다와 여러 가지를 비교할 수 있었고 그 결과 미국보다 장점이 많은 캐나다를 선택하게 되었다.

Jyothireddy, Mohammad, Zohre, Nhung, Ozlem, Minhtruc.

이 단어들을 찬찬히 발음해 보자. 생소한 알파벳의 조합이라 지금도 정확히 어떻게 읽어야 할지 모를 만큼 어려운 단어들이다. 이렇게 어려운 발음들이 캐나다에서 매일 불러야 하는 친구, 이웃들의 이름이었다. 그래서 자주 만나지만 이름 부르기 어려운 친구들에게는 이름의 첫 글자만 딴 애칭을 만들어 친근하게 부르기도 했다. Jyothireddy에게는 조조, Mohammad에게는 모모라고 부르는 식으로 말이다.

영어 공부를 시작하면 하는 것 중 하나가 영어 이름을 만드는 것인데 어감과 배경, 문화를 알 수 없으니 나에게 맞는 영어 이름을 만드는 것은 쉬운 일이 아니다. 그래서 대부분 좋아하는 배우의 이름, 좋아하는 성경 속 인물로 만들기도 하고 그 당시 유행하는 예쁜 영어 이름 중 고르기도 한다. 나와 아이들 역시 각각 영어 이름을 가지고 있었고 외국에서 누군가 이름을 물어보면 당연히 한국 이름이 아닌 영어 이름을 알려줬다.

　그러나 캐나다에 머무는 동안 들었던 한 질문으로 나의 오랜 고정 관념이 완전히 깨졌다.

　나의 이름은 Esther(에스더), 아이들 이름은 Kevin(케빈), Chloe(클로이), Daisy(데이지)라고 이야기했더니….

"너희 나라는 영어를 공용어로 쓰니? 왜 이름이 다 영어야?"

　라고 묻는데 적당한 대답을 할 수가 없었다. 맞다! 왜 한 번도 외국 친구들에게 한국 이름을 발음 그대로 알려 주려고 생각하지 못했을까? 생각해 보면 아랍어나 러시아어, 혹은 스페인어를 배운다고 그 나라 이름으로 바꾸는 일은 거의 없지 않은가?

　다양한 나라와 다양한 민족이 섞여 있는 캐나다에서는 영어로 이름을 바꾸는 것이 미국처럼 당연한 일이 아니었다. 각 나라의 언어라 발음이 익숙하지 않더라도 원래 가지고 있는 이름을 그대로 쓰려 노력하고 그 역시 존중해 주는 곳이 바로 캐나다였던 것이었다.

이외에도 여러 가지 면에서 미국은 미국 문화를 따르고 그에 맞춰 이민자 고유문화를 바꾸는 일이 당연하다고 느껴졌다면 캐나다는 각각 나라마다 가지고 있는 문화를 존중해 주고 배려해 주는 느낌이 우선 보여졌다.

이 분위기는 생활 곳곳에서 크거나 작게 계속해서 느껴졌다. 캐나다 마트에서는 물건을 살 때 내가 외국인임을 보고 영어를 못 알아듣는 것 같으면 일부러 천천히 쉬운 단어로 다시 이야기해 준 일이 있었는데 이는 기분이 나쁘지 않고 배려받고 있다는 기분이 들어 고마웠다.

예전 미국 마트에서 "다시 한번 말해줄래?"라는 내 질문에 엄청 짜증 내며 일부러 더 빨리 말하는 미국인 점원을 경험한 나로서는 감동이 될 정도였다.

이런 느낌을 어른인 나뿐 아니라 아이들도 그대로 느꼈다.

마트에 가면 아이들은 〈Hi! kids! Ask us for a free cookies.〉와 비슷한 문구도 자주 볼 수 있고 어느 식당에 가더라고 아이들을 위한 키즈 메뉴가 언제나 싸고 괜찮게 구성이 되어 있다. 그리고 아이들의 지루한 시간을 달래줄 색칠 공부나 종이접기 등 놀거리를 항상 제공해 준다. 우리 가족이 한 레스토랑에 갔을 때 아이들이 냅킨을 종이 삼아 이것저것 접는 것을 보고 어지럽게 만든다고 눈치 주기보다 "너 정말 창의적이구나."라고 밝게 웃으며 칭찬해 줄 수 있는 나라가 캐나다인 것이다.

어른인 내가 질문을 하는 것보다 아이들이 질문을 하면 밝은 미소와 함께 더욱더 친절하게 대답해주는 곳. 캐나다는 아이들에게 천국인 나라라는 칭찬이 괜히 있는 것이 아니었다.

미국의 학교에서 경험한 알 수 없는 불편한 느낌과는 달리 캐나다의 학교의 배려받는 느낌이 아이들에게 구체적으로 표현할 수 없는 편안함으로 다가왔던 것이었다.

마트에서 쉽게 볼수 있는 아이들을 위한 친절한 문구.

**다른 가족들과의 식사 자리였는데, 지루해하는 아이들을 따로 불러
이야기를 나누며 칵테일을 만들어 주었다. 당연히 팁을 주었다.**

하지만 어느 나라를 가든 좋은 사람이 있고 나쁜 사람이 있기 마련이다.
내가 겪은 그 나라의 몇몇 사람을 기준으로 그 나라 전체를 논할 수 없겠
지만 기본적인 분위기는 대부분 비슷하게 느낄 것 같다. 여러 가지로 비교
할 수 없을 만큼 미국이 캐나다보다 좋은 면도 많이 있겠지만 한국의 문화
를 존중해 주고 존중을 넘어 우월하게 평가해 주는 나라에서라면 아이들
도 편안하게 학교생활을 할 수 있지 않을까 하는 생각이 든다.

"얘들아! 미국이 좋아? 캐나다가 좋아?"
라고 물어보면 1초의 망설임도 없이 캐나다라고 답한다.
그러나 "왜?"라고 물어보면

"그냥… 캐나다가 좋아!"

라고 답하는데 '그냥!'이라는 대답에 모든 답이 들어 있는 것 같다.

아이들의 사진 촬영 요청을 언제든 환영하고 아이들에게 먼저 사진 찍자고 다가와 주는 친
활짝 웃으며 농담도 건네는 경찰.   절한 캐나다 군인.

어딜 가나 환영받는 한국!

요즘은 세계 어느 나라를 가든 한국에 대한 관심이 많고 이미지가 좋아 유학하기에 좋은 시기라고 생각한다. 실제로 내가 캐나다에 가기 얼마 전 캐나다 맥도널드에서 BTS 에디션을 상품으로 만들었는데 현지인들이 줄을 서 구입할 정도로 인기였다고 한다. 영화, 뷰티 관련, K-POP 등 많은 영역에서 인기가 높아 한국인이라고 말하면 바로 BTS를 포함한 K-POP을, 한국의 화장품, 음식 등을 그들이 먼저 대화의 소재로 끌어냈다.

첫째 아이 학교 선생님 중 BTS 팬이 있었는데 그 학교의 유일한 한국 학생인 첫째 아이에게 많은 관심을 보이며 한국에 관해 여러 가지를 물어보기도 했다. 이번 방학에 한국에 간다며 이야기를 이어 나갔는데 그 사실을 알고 한국에 있는 나의 친구를 연결해주어 그 선생님이 한국을 관광하는 동안 여러 가지 도움을 받게 해 주기도 했다.

다운타운의 큰 쇼핑몰에 가면 한국의 가요들이 귀에 쏙쏙 들리고 푸드코트에도 한국음식점이 꼭 있는 것을 보고 한국의 위상이 점점 더 높아져 감을 다시 한번 느꼈다. 그만큼 한국인에 대한 이미지가 좋았던 점이 우리가 캐나다에 빠르고 쉽게 적응할 수 있도록 도와주었다고 생각한다.

2019년 겨울 따뜻하고 아름다운 미국 캘리포니아(California) 작은 사립학교에서 3개월 정도 스쿨링을 경험했는데 아이들 나이는 만 3세, 만 5세, 만 8세였다. 첫째, 둘째 아이들은 한국에서 영어학원을 조금 다닌 경험이 있는 딱 그 정도로만 영어를 했었는데, 기본적인 의사소통만 할 수 있는 정도였다.

영어권 나라에 대한 첫 이미지는 영어라는 언어에 대한 이미지를 만들어 주기 때문에 참 중요하다. 그래서 아이들의 미국에 대한 첫 이미지가 어땠는지 궁금해 아이들에게 이때의 기억을 물어보면 제각각 다른 이야기를 한다.

영어 한 단어도 말 못 하던 막내는 자기를 너무 예뻐해 항상 옆자리에 두었던 친절한 선생님 덕분에 행복한 느낌이었다고 했다. 둘째는 짙은 아이라인을 한 무서운 인상의 선생님 탓에 자주 집에 일찍 오고 싶었다고 했고, 미국과 한국의 문화 차이를 잘 알지 못했던 첫째는 친근함의 표시로 한국에서 스스럼없이 하던 스킨십이 다른 나라 문화에서는 불쾌할 수 있다는 것에 대해 배웠다고 했다. 결론은 디즈니월드(Disney World)나 유니버셜스튜디오(Universal Studios) 등등 즐거운 것들만 이야기하고 정작 내가 궁금해하던 학교에 대해서는 그다지 많은 이야기를 하지 않았다.

하지만 캐나다는 달랐다. 같은 질문을 하면 다른 무엇보다 학교, 친구들에 관한 이야기를 제일 많이 했다. 엄마의 생각으로는 미국에서는 사립학교를 다녔고 캐나다에서는 공립학교를 다녔기 때문에 미국 사립학교에서 더 많은 보살핌을 받았을 것이라고 예상했지만 아이들의 기억 속에는 전혀 다른 이미지가 있었다. 캐나다는 아이들의 천국이란 말이 괜히 만들어진 게 아니었다.

모든 면에서 만족스러운
도시 오타와

캐나다 유학을 결정한 후 가장 먼저 해야 할 일은 적당한 지역 선정이다. 우리나라처럼 좁은 나라에서도 부산이니 서울이니 지역을 옮기는 게 쉽지 않고 또 같은 지역이라도 바로 옆 동네로 옮기는 것조차 망설여진다. 그런데 생판 모르는 곳, 그것도 언어가 다른 캐나다에서 나에게 맞는 지역을 고르라니…. 어디서부터 시작해야 할지 알 수 없을 정도로 어려운 일이다.

하지만 인터넷의 정보나 다른 사람들의 의견보다 우리 가족이 중요하게 생각하는 것들을 가장 먼저 생각하고 그것들을 기준으로 삼아 결정하다 보면 생각보다 복잡하지 않다.

우리 가족의 예를 들자면 무상교육의 혜택을 받을 수 있는 지역을 우선으로 찾았고 그 중 정식 대학 수업을 듣지 않고 대학교 내 어학원 혹은 사설 어학원만 다니더라도 혜택을 받을 수 있는 곳을 찾았다. 캐나다의 무상교육 시스템은 대부분 잘되어 있지만 대도시로 갈수록 수요가 많아 조건이 까다롭다. 캐나다를 떠올렸을 때 가장 먼저 떠오르는 대표적인 밴쿠버(Vancouver)나 토론토(Toronto) 같은 대도시는 정규 대학이나 대학원을 다녀야만 아이들의 무상교육 혜택이 주어졌다. 그리고 대도시인 만큼 렌트비 등의 주거 비용이 많이 들어 우리 가족의 선택지에서 처음부터 제외되었다.

여러 가지 면에서 부모가 학교 다니기 편한 곳은 도시와 거리가 아주 멀고 불편한 시골이 대부분이라 나와 아이들이 지내기가 적당하지 않다고 생각했다. 부모의 학업 강도, 모든 가족생활의 편의성, 체류 비용, 안전 등여러 가지를 고려하고 선택한 곳이 오타와였고 오타와에서 무상교육 혜택을 받을 수 있는 영어 공립 컬리지는 알곤퀸컬리지(Algonquin College) 딱한 곳이라 큰 고민 없이 학교도 선택할 수 있었다.

우리 가족이 생각하는 중요한 것들을 기준으로 두었을 때 굳이 오타와가 아니더라도 토론토에서 차로 2시간 내외의 런던(London)이나 욕(York)과 같은 도시들도 선택할 수 있었다. 이곳 역시 오타와와 마찬가지로 대학내 어학원 수업만으로 무상교육의 혜택을 볼 수 있는 학교가 여러 군데 있었는데 우리나라로 치면 분당 일산과 같이 깔끔하고 정돈된 신도시의 느낌을 주는 곳이라 느낌이 좋았다. 하지만 주거환경이 좋고 비용도 나쁘지않은 만큼 한국 사람이 많았고 중국, 인도를 포함한 이민자가 정말 많다는 소리를 들었다. 만약 내가 긴 시간 유학이나 이민을 계획했다면 토론토주변 도시들도 고려했을 것이다. 하지만 1년이라는 기간이 길지 않았기에조금 더 캐나다에 가까운 환경을 누릴 만한 곳을 찾았고 그렇게 오타와로선택하게 되었다.

College이지만 규모가 꽤 큰 학교이다. 그만큼 다양한 전공이 있었고 다양한 나라의 사람들이 다닌다.

앞서 말했듯이 캐나다로 나라를 결정한 후에는 밴쿠버나 토론토, 두 도시를 기준으로 두고 지역을 선정하는 경우가 많은데 두 도시의 가장 큰 차이는 무엇보다 날씨라고 생각한다. 밴쿠버는 미국의 서부처럼 온화하지만, 비가 많이 내리고 토론토는 미국의 동부처럼 겨울이 길고 눈이 많이 내린다. 토론토는 서울, 밴쿠버는 부산의 느낌이라 둘 다 좋은 곳이기는 하지만 군이 교육을 중점으로 생각한다면 많은 사람들이 토론토 부근을 추천한다. 실제로 토론토 대학교(University of Toronto), 워털루 대학교(University of Waterloo) 등 캐나다 내 우수한 대학들이 대부분 토론토 근방에 있다.

우리 가족은 기본적으로 열이 많아 한국에서의 덥고 습한 날씨를 정말 힘들어했다. 반면 추운 날씨를 힘들어하지 않았기에 동부 쪽을 선택하기에 망설임이 없었고, 그 덕분에 겨울 놀이와 낭만 등을 충분히 누리고 즐길 수 있었다. 만약 추위에 약한 사람이라면 1년의 대부분이 겨울인 동부 지역은 피해서 선택하는 게 좋을 것 같다.

캐나다 도시 선정에 관해 다시 정리하면 나에게 맞는 기후조건의 지역에서 무상교육의 혜택을 볼 수 있는 도시 중 내가 공부할 수 있는 여건과 아이들이 지내기 안전한 여건이 되는 곳을 선택하면 된다. 그럼 몇몇 도시들로 금방 정리가 될 것이다. 이 과정에서 여러 유학원과 상담해 보는 것도 좋다. 캐나다 전문 유학원이라 하더라도 특정한 지역에 대해서만 잘 알고 있는 곳이 대부분이니 여러 곳을 상담해야 다양한 지역에 대해 알 수 있다. 그리고 인터넷을(개인 블로그나 인스타그램 등) 통해 정보를 주는 곳은 대부분 현지에서 생활하는 분들이 많아 일대일로 질문을 하면 자세하고 성의 있게 대답해 줄 것이다. 그들에게 유학원에서 얻지 못하는 실제적인 정보를 얻을 수도 있으니 여러 방면으로 적극적으로 알아보기를 추천한다.

나는 유학을 준비하면서 오타와 지역 카페에 가입해 현지에 있는 분들에게 많은 정보를 얻을 수 있었다. 그 덕분에 오타와에 정착해 집을 구하자마자 첫째 아이의 수학 과외를 시작할 수 있었고, 차도 빠르게 구매할 수 있었다.

하지만 내가 직접 경험해보지 못한 것들을 나와 다른 성향의 사람들이 판단한 정보만 듣고 결정하는 것이 오히려 큰 방해가 될 수도 있다. 다른 사람의 의견에 너무 많이 비중을 두지 말고 사람 사는 곳 어디든 비슷하니 일단 계획했으면 가서 직접 부딪혀 보자고 생각하는 것을 추천한다. 그렇게 다양한 가능성에 열린 생각이 무언가를 결정하는 과정에 많은 고민이 없도록 도와줄 것이다. 그리고 스스로가 내린 결정이기에 나중에 큰 후회도 없을 것이다.

우리 가족이 선택한 오타와는 캐나다의 수도인 만큼 도시 시스템이 다른 곳보다 잘 갖춰진 곳이었다. 안전에 관해서도 어느 도시보다 우수했기 때문에 만족스러운 지역 선정이었다고 생각한다. 그리고 한국 대사관도 오타와에 있어 소소한 행정 처리도 빠르게 처리할 수 있어 편리했다. 제일 큰 단점을 꼽으라면 한국과의 직항이 없다는 것이었지만 그만큼 한국 사람이 많이 없는 점도 어학연수를 위해서는 오히려 큰 장점이 되었다. 그래서 오타와는 나처럼 단기 유학을 오는 사람보다 이민 생활을 오래 했거나 다른 지역에서 영주권을 취득하고 좀 더 살기 좋은 곳으로 이동해 오는 사람들이 많았다. 그곳에 생활하면서 크게 느낀 것 중 하나는 오타와에 정착한 한국 사람뿐 아니라 다른 나라의 이민자들도 수준이 높은 사람이 꽤 많았다는 것이다. 아이들이 학교에서 만나는 친구들은 대부분 이민자 친구들이었기에 이 부분도 만족스러운 부분 중 하나였다.

겨울 충분히 즐길 수 있다!

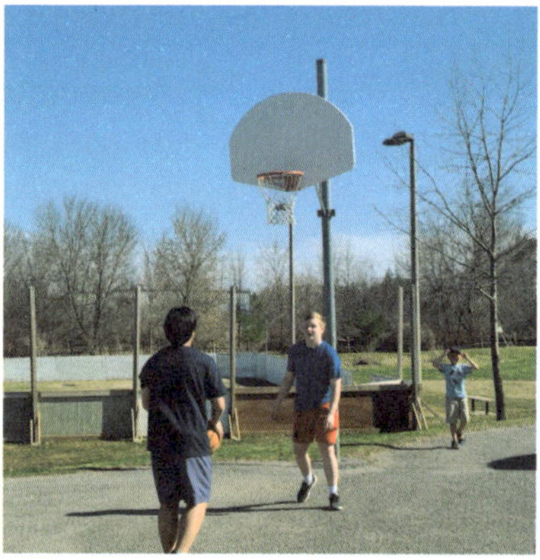
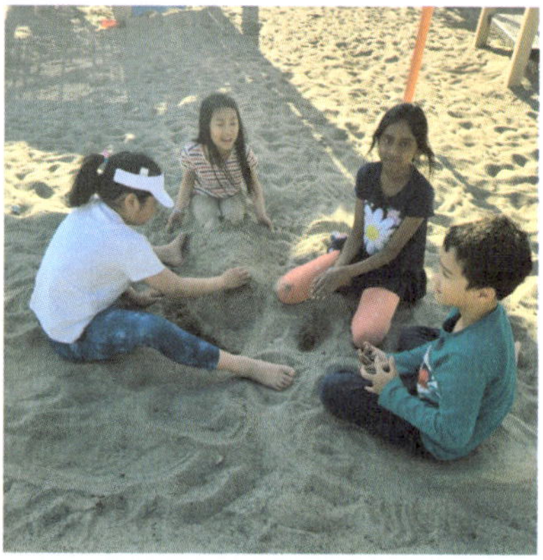
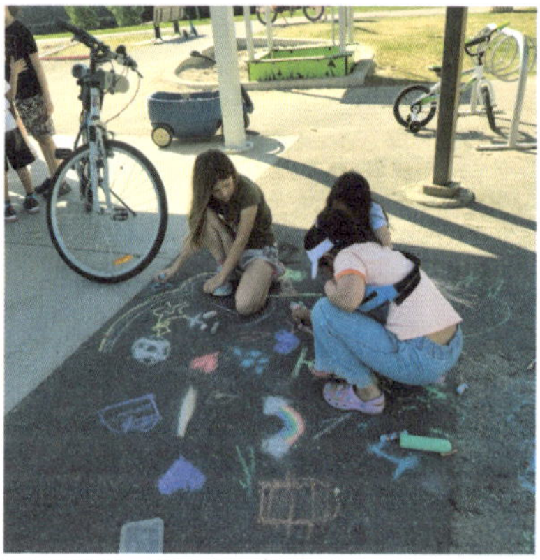
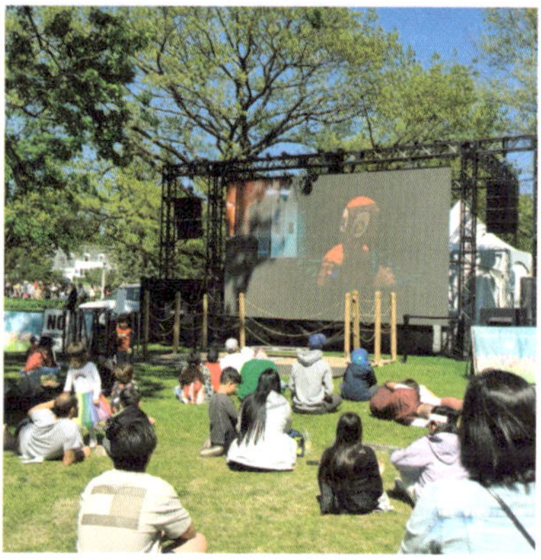
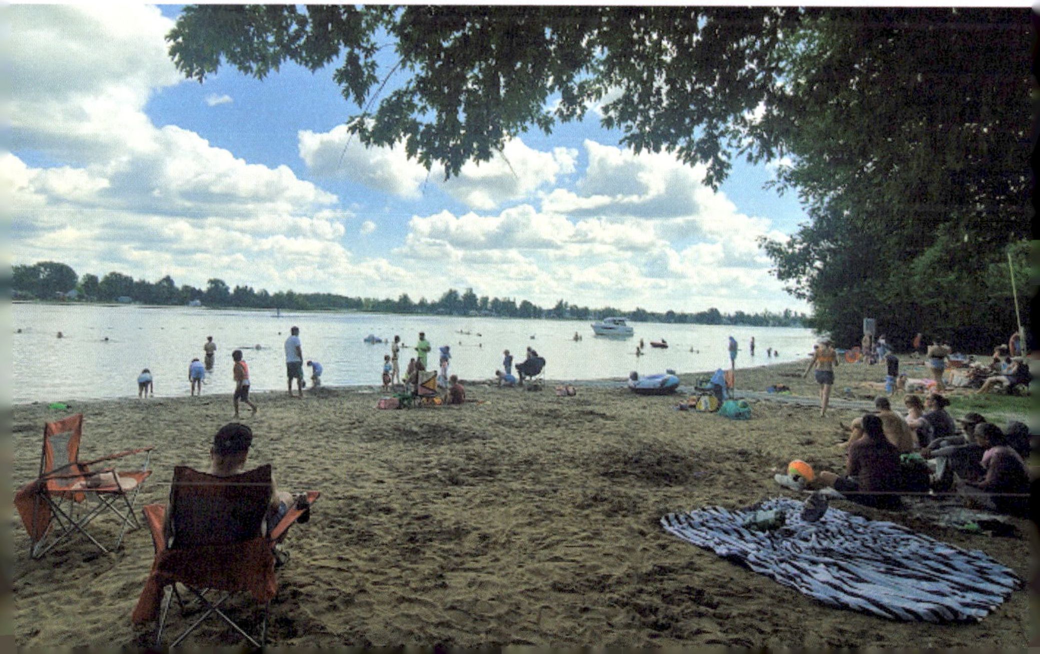

♣ ─── 본격적인 유학 준비 시작

지역 선정과 학교 선정을 끝내고 나면 제일 먼저 부모가 다닐 캐나다 학교에 입학허가서를 받는 절차를 시작해야 한다. 고등학교, 대학교의 졸업 증명서, 성적증명서 이외에 재정을 증명할 수 있는 서류가 필요하고 지정된 곳에서 건강 검진을 필수로 해야 한다.

이 모든 서류는 엄마가 학생비자를 받는 용도이기 때문에 엄마 위주로 발급이 되고 아이들은 건강검진을 받는 것 이외에 새로 준비할 것은 없다. 한국에서의 학적 자료, 예방 접종 기록만 영문으로 준비하면 된다.

캐나다 대학 입학허가서와 학생 비자를 발급받는 과정은 유학원에 맡겼다. 서류 작업을 꼼꼼하게 하지 못하는 나의 단점도 걱정되었지만, 캐나다 유학원의 수속비용이 저렴하거나 프로모션 기간에는 수속비가 무료로 진행되는 곳들이 많아 부담 없이 맡길 수가 있었다. 무료로 진행되더라도 아이들에 관한 학교 등록 수속이 필요하거나 정착에 관한 서비스가 필요하면 그 부분에 대해서는 비용이 발생했다. 특히 비자는 미국보다는 수월하지만 한번 거절되면 기간도 오래 걸리고 복잡해지니 처음부터 안전하게 유학원을 통해 진행하는 것을 추천한다.

입학허가서를 받는 과정은 유학원이 알려 준 서류를 준비해 제출하면 허가서가 나오는 과정이 어렵지 않았고 기간은 2~3주 정도 소요되었다.

입학허가서가 나오기를 기다리는 동안 지정된 병원에서 나와 아이들 모두 건강 검진을 했다. 건강 검진을 할 수 있는 병원이 5곳으로 한정되어 있어 일정에 맞는 예약이 어려울 수 있으니 검진 예약은 서두르는 것이 좋다.

캐나다 비자 건강검진 지정 병원
- 강남 세브란스 병원, 신촌 세브란스 병원, 삼육의료원, 여의도 성모병원
- 부산 해운대 백병원

건강검진을 마친 후 비자 신청을 완료하면 캐나다 이민성에서 바이오 매트릭스 등록요청 레터(Biometric Instruction Letter, BIL)를 받게 된다. 레터를 받은 후 다음 단계로 서울역 부근에 있는 센터를 예약하고 여권, 바이오 매트릭스 레터, 예약확인증을 지참 후 방문해 간단히 지문, 사진을 등록한다. 이 과정까지 마치면 입국에 관한 대부분의 준비는 마쳤다고 할 수 있는데 이 과정 역시 성인만 해당한다.

이제 캐나다 입국에 관한 기본적인 서류 준비에 관해서는 모두 마무리가 된 것이다.

아이 학교 등록을 위한 기본 서류

- 부모, 학생 여권, 비자

- 부모 학교 입학허가서, 등록확인서 (수업료 지불 확인서)

- 거주 관련 증빙 서류 (집 계약서, 공과금납부 주소지 등)

- 한국 학교의 학적 기록

- 예방 접종 기록 확인서

3

우리 가족에게 딱 맞는 집이란?

캐나다에서 세입자는 중개인에게 수수료를 내지 않는다. 매매하든 월세든 집주인만 수수료를 내는 구조인데, 나는 이 내용을 나중에 알게 되었다. 그래서 수수료 비용을 줄이겠다는 생각으로 부동산 중개사이트를 통해 직접 구했다. 현지에 있는 분의 추천을 받아 캐나다에서 가장 활발하게 이용되는 부동산 사이트 realter.ca를 통해 집을 알아보았는데 집주인과 세입자를 직거래로 연결해주는 사이트였다. 이 사이트에서 동네를 설정하고 하우스 콘도 형태 등 세부적인 조건을 찾아 검색하면 나에게 맞는 집을 찾는 것이 어렵지 않다. 집의 대략적인 규모나 크기, 내부 등등을 사진으로 볼 수 있고 이메일을 통해 집주인과 직접 이야기를 나눌 수 있다. 하지만 우리나라와 다른 약관이 많고 애완동물에 관한 것 등 세부적인 내용이 많으니 꼼꼼히 살피고 조심해야 한다.

우리나라와 다르게 집주인이 집을 내놓으면 세입자들이 경매하듯 관련 서류를 제출하고 선택을 기다리는 구조이다. 즉 세입자 위주로 집을 구하기가 어렵다는 말이다. 캐나다는 세입자가 한번 들어오면 월세가 아무리 밀려도 함부로 내보낼 수 없도록 세입자를 보호하는 법이 우리나라보다 훨씬 강해 좋은 세입자를 까다롭게 구하려는 주인의 의지가 어느 정도 이해는 된다.

난 그런 점에서 큰 어려움 없이 좋은 집을 구한, 운이 아주 좋은 편이었다. 처음 캐나다에 정착할 당시 큰 불편함 없이 시작할 수 있었고 가족들의 만족도를 높여준 가장 큰 힘은 좋은 집을 구한 게 아닐까 하는 생각이 든다. 집주인은 이집트 출신 프로그래머 미혼 남자였는데 집을 너무 아끼다 보니 아무에게나 세를 주지 않고 세입자를 까다롭게 고르는 중이었다. 이렇게 좋은 집이 왜 오랫동안 비어 있었는지 궁금하다고 집주인에게 물어보니 애완동물은 집을 망가뜨리니 안 되고 유학생은 파티를 많이 해 집에 지저분해지고 외국인은 10명이 넘는 많은 사람이 사용하다 보니 집이 망가질까 걱정이 되어 모두 거절했다고 한다. 나처럼 단란한 가족이 오길 기다리고 있었다며 넌 집을 깨끗이 쓸 거라 믿는다는 말과 함께 한국인을 처음 겪는 걱정 어린 시선을 보내기도 했다. 기분이 좋아야 할지 말아야 할지 잘 모르겠는 애매한 기분이었지만 나름 현지인의 기준에 통과한 셈이었다. 처음에 6개월 치 월세를 먼저 낼 것을 집주인이 우리에게 제안했지만, 내 은행 잔고가 충분히 있음을 확인시켜 주고 2개월 치 월세를 내는 것으로 계약했다.

온타리오(Ontario)주의 법상 첫 달, 마지막 달 월세 2달 치를 디파짓(deposit)으로 하는 것이 법이라고 알고 있다. 외국인이었지만 캐나다 현지인들의 기준과 비슷한 조건으로 계약에 성공한 셈이었다.

현지 리얼터들은 아무런 정보와 신용이 없는 외국인이 집을 구하는 이주 첫해, 1년 치 월세를 미리 내는 방법을 추천하기도 한다. 집주인 입장에서 월세 밀릴 걱정이 없으니 믿을 수 있고 처음 정착하는 사람에게 수월하게 계약할 수 있으니 이 방법을 추천하는 것 같다.

그리고 캐나다는 1년 이후부터는 올릴 수 있는 월세가 2.5% 정도로 한정되어 있어 쉽게 월세를 올리지 못한다. 악독한 집주인은 1년이 되는 시점에 이상한 트집을 잡으며 일부러 내보내고 새로 들어오는 세입자에게 더 많은 월세를 받으려 하기도 한다. 하지만 대부분 한국인은 월세가 밀리지 않고 집을 깨끗이 쓰는 최고의 세입자이기에 한번 들어오면 일부러 내보내려 하는 일은 잘 없는 것 같다.

신뢰가 모든 일에 기본인 캐나다에서는 세입자의 이전 집주인의 레퍼런스(reference)와 함께 나의 재정 상태, 현재의 신분 등등 여러 가지를 마치 입사 면접 보듯이 알려야 한다. 아무것도 보장되지 않는 이제 막 캐나다에 들어온 외국인을 쉽게 믿고 집을 내어줄 주인이 얼마나 있겠는가?

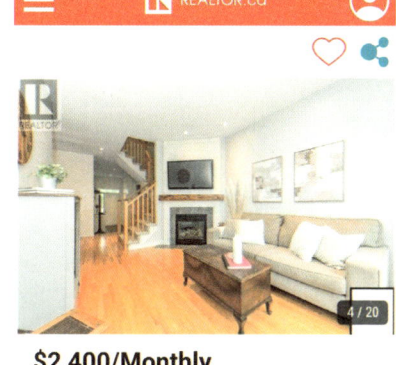

$2,400/Monthly

176 MOJAVE CRES
Ottawa, Ontario K2S0H4

MLS® Number: X5729650
ICI SOURCE REAL ASSET SERVICES INC.

3 Bedrooms   3 Bathrooms

Description

Bright & Updated, This 3 Bed, 3 Bath Townhome
Welcomes You To Friendly Jackson Trails. A Spacious

reator.ca에서 이 사진을 보고 계약해 1년 동안 잘 지냈던 우리 집.

1년 지내는 동안 월세를 밀리지 않게 지불하고 집을 손상 없이 깨끗이 썼더니 마지막 날 집주인이 나에게 넌 최고의 세입자다였다고 말하며 앞으로 언제든 좋은 레퍼런스를 해주겠다고 했다. 그래서인지 그 이후 내 소개로 우리 집에 들어온 한국인은 아주 까다로운 절차 없이 들어올 수 있었다.

나는 운 좋게 좋은 집을 구했지만 절대 만만한 일이 아니다 보니 일단 지역이 정해지고 나면 캐나다 현지 한국인 리얼터의 도움을 받는 것도 좋은 방법이다. 이 방법의 가장 큰 장점은 출국 전 집 주소로 짐을 먼저 보낼 수 있어 막 도착했을 때 아무것도 없는 빈집에서 생활해야 하는 불편함을 덜어 줄 수 있다. 하지만 가능하다면 직접 가서 집을 구하는 방법을 추천한다. 사이트에 나오는 혹은 리얼터가 보내주는 사진은 집 내부와 외부 사진 일부 등 최소한의 정보만 확인할 수 있기에 막상 직접 갔을 때 생각과 다른 경우가 많이 있기 때문이다.

Townhouse for rent

$2,275 No Utilities Included

📍 Stittsville, ON K2S 1E7 (View Map)
Posted 2 days ago

New condo in Blackstone for rent

$2,000 No Utilities Included

📍 840 Atlas Ter, Ottawa, ON K2S 1B6, Canada (View Map)
Posted 3 days ago

창밖을 보면 알 수 있듯이 주변에 아무것도 없는 허허벌판에 지어진 집이었다. 새집이라 내부는 정말 깨끗하고 예뻤다.

이 집 역시 허허벌판에 지어진 집이었고 주변 단지가 나라에서 난민들에게 준 집이 몰려 있는 곳이었다.

좌충우돌 캐나다 엄마되기

직접 가서 보면 허허벌판에 막 지은 집만 우뚝 서 있을 수 있고 근처에 노숙인쉼터나 마약, 담배를 파는 가게 등이 많아 안전에 위협을 느낄 수도 있다. 기본적으로 캐나다는 안전한 나라이지만 저녁만 되면 온통 어두워져 외출이 어렵다. 그런 와중에 바로 옆집이 무서운 표정의 알 수 없는 국적의 외국인들 숙소로 사용되는 곳이라면 지내는 내내 불안할 것이다. 실제로 우리 가족은 이웃들과 그다지 많은 불편함 없이 잘 지냈지만 반면에 캐나다에 비슷하게 왔던 한국인 가정의 옆집은 인도인 20명 정도가 지내는 숙소로 사용되어 항상 시끄럽고 드나드는 사람이 계속 바뀌어 안정적이지 않았다고 했다.

캐나다는 계속해서 이민자가 늘어나는 만큼 외곽으로 갈수록 새집이 많이 지어지고 있다. 사진으로만 본다면 새집일수록 내부는 깨끗하고 예쁘다. 하지만 내가 지내던 지역은 집을 지은 지 몇 년 이상이 되지 않으면 뒷마당에 펜스를 만들 수 없는 법이 있었고 그러다 보니 잠금장치도 허술한 집에서 펜스(fence) 없이 지내는 것이 불안하게 느껴질 수 있다. 자주 있는 일은 아니지만 실제로 곰이 출몰해 펜스가 없는 집을 공격하기도 한다. 사진 속 예쁘고 깨끗한 새로 지은 집이 무조건 좋다는 이야기가 아니다.

어쩔 수 없이 사진으로만 집을 선택해야 할 때 주변 동네를 살펴보는 요령이 있다. 사진 속 창밖이나 외부 사진 중 작게 보이는 것들, 특히 무성한 나무가 있는지 자세히 살펴보는 것이 좋다. 새로 집을 지은 곳일수록 나무

043

크기가 작고 덜 무성하고 어딘지 모르게 허전하다. 그런 곳일수록 위에 언급한 안전하지 않은 곳일 확률이 높다. 어느 계절의 풍경인지도 잘 판단해야 하는데 당연히 겨울의 사진이라면 위에 말한 무성한 나무 사진은 찾기 어렵기 때문이다.

그리고 구글맵(Google map)으로 주소를 검색해 보는 것도 추천한다. 집 주소를 치면 집 근처의 로드뷰(road view)를 볼 수 있는데 직접 가서 보는 것처럼 자세히 알 수는 없지만 대략 동네 느낌을 볼 수 있다. 예를 들어 옆집 현관에 아이용 자전거가 나와 있고 입구에 아이의 그림이 걸려 있거나 낙서가 보인다면 동네가 아이들이 있는 편안한 곳으로 생각하면 될 것이다. 그리고 바로 옆에 공원이 나 놀이터가 있다면 그것도 로드맵으로 확인할 수 있으니 꼭 한번 찾아보길 바란다.

기본적으로 거리에 나무가 무성하고 가족적인 분위기의 아이템이 많은 곳이면 대체로 안정적으로 편안하고 괜찮은 주거환경이라고 생각하면 된다.

한국으로 귀국 후 둘째 아이는 가끔 구글 맵으로 캐나다에서 살던 집을 찾아보며 그리움을 달랜다. 옆집 차가 그대로 있다며 우리와 친하던 이웃이 아직 사는 것 같다고 이야기하고 현관 앞 큰 나무에 아이가 묶어 놓은 장식이 그대로 있다며 좋아하기도 한다.

사이트 내용 중 집 소개를 찾아보거나 리얼터에게 문의할 때 집 근처 코스트코(Costco)나 월마트(Walmart) 등의 시설이 가까이 있다면 그 장점에 대해 꼭 언급한다. 어디든 차도 이동해야 하는 곳에서 마트 가까운 게 뭐가 대수냐 싶겠지만 사람이 많이 사는 곳일수록 편의시설이 모여 있기에 단지 마트가 가깝다는 생각에 그치지 말고 분위기를 생각해 보도록 하자. 편의시설이 몰려 있는 곳일수록 번잡하고 어수선할 수 있으니 편의시설과 너무 가까운 거리라면 내 성향을 비교해 장단점을 생각하고 선택해야 한다.

세입자가 선택할 수 있는 집의 형태는 크게 3가지로 볼 수 있다. 하우스, 아파트 아니면 콘도인데 한국의 아파트 형태를 캐나다에서는 콘도라고 부르기도 한다. 하지만 한국처럼 아주 높은 층의 주거지는 잘 없었다. 도시마다 다르겠지만 내가 지냈던 오타와의 외곽에서의 콘도는 우리나라 빌라 정도의 느낌이었다. 하우스는 우리가 흔히 알고 있는 단층 혹은 2층 주택을 생각하면 된다. 그리고 콘도와 다르게 아파트라는 명칭을 가진 건물의 주거환경은 셋 중 가장 열악하다는 느낌을 받았다.

하우스에 거주하게 되면 물, 전기, 가스를 매월 따로 부담하는데 난방을 많이 하는 겨울이 되면 이 비용도 꽤 나온다. 반면 아파트, 콘도는 이 부분이 관리비에 포함인 곳이 대부분이다. 하우스의 적지 않은 월세를 내고 있는데 적게는 200불 많게는 400불 가까이 나오는 금액을 월세 이외에 더 내야 하는 부분도 꼭 참고하도록 해야 한다.

눈이 많이 내리는 오타와 지역에는 집 앞의 눈을 거주자가 꼭 치워야 하는 법이 있다. 눈을 치우지 않으면 벌금이 부과되니 하우스에 살게 되면 이 부분을 신경 써야 한다.

그러한 환경에 맞춰 겨울 동안 300불이 조금 넘는 금액으로 매일 눈을 치워주는 서비스가 있어 걱정하지 않아도 된다. 반면에 콘도는 회사에서 도로 계단 주차장 등 필요한 곳의 눈을 알아서 치워주니 이것 역시 따로 비용이 들지 않는 콘도의 장점 중 하나이다.

하우스는 가라지(garage)라는 주차장 공간이 대부분 따로 있지만 콘도는 주차에 돈을 따로 내기도 하고 지하 주차장이 없는 곳도 꽤 있어 세부 사항을 꼼꼼히 확인해야 한다. 하우스의 가라지는 실내에 있어 날씨와 상관없이 차를 관리할 수 있는 장점이 있는 반면에 실외에 주차해야 하는 콘도나 아파트의 경우 눈이 많이 오는 날 아침은 차 위에 눈을 치우고 녹이느라 오래 걸리는 단점이 있다.

눈 치우는 비용을 낼 만큼 큰일인가 하지만 내 집 앞 작은 주차장 눈만 치워도 온몸이 땀으로 흠뻑 젖을 정도의 노동량이다. 집주인이 계약할 때 캐나다의 겨울을 처음 접하는 우리 가족을 걱정하며 눈 치우는 서비스를 이용하라고 여러 번 이야기했었다. 하지만 눈 치우는 것 역시 좋은 추억이 될 것 같아 우리가 직접 한다고 하자 벌금을 낼 수 있고 집주인은 관여하지 않는다고 강조하며 이야기하던 표정을 잊을 수가 없다.

그래서인지 겨울이 되면 집 앞 눈 치워주는 서비스 광고가 많다. 실제로 각각의 집 주차장 입구에 알 수 없는 막대가 세워져 있는 것을 볼 수 있는데 눈 치워 주는 회사를 표시한 것이었다. 처음에 집마다 다른 모양과 색깔로 세워진 이 막대의 용도가 참 궁금했었다. 나중에 용도를 알고 다시 보았는데 1미터가 넘는 막대 높이까지 눈이 쌓일까 싶다가도 겨울이 되면 이 막대 끝만 겨우 보이는 것을 보면 그동안 우리가 한국에서 접할 수 있었던 적설량 그 이상임을 실감했다.

동네 입구에 있어 계속 보며 걱정된 차였는데 결국 이 차는 겨울 내내 이 모습 그대로였다.

047

눈 치우는 커다란 트럭이 수시로 다녀도 항상 이정도의 눈이 쌓여 있었다.

오타와에서 와서 만난 가족 중에는 2~3달 전에 미리 들어와 동네 조사를 하고 집을 구하는 사람도 있었고, 한국 리얼터(realtor)와 함께 소통하며 집을 구하는 사람도 있었고, 나처럼 1~2주 에어비앤비에 머물며 집을 구하는 사람도 있었다. 각자에게 맞는 방법으로 결정하고 그에 맞춰 하나씩 실행하다 보면 집 구하기도 생각보다 어렵지 않게 성공할 수 있다.

마지막으로 이 세상 어디에도 가격도 싸면서 여러 가지 조건이 100% 딱 맞는 집은 없다.

많은 욕심부리지 말고 내가 가지고 있는 예산 내에서 합의점을 찾아보도록 하자. 감당할 수 있는 단점들을 생각해 적당한 집을 구해야 한다는 것을 잊지 말아야 한다.

항상 눈 치우는 것을 적극적으로 도와주던 고마운 첫째 아이.

캐나다의 1년을 책임져 준 따뜻한 우리 집과 차.

049

캐나다에서 차 구입은 필수!

🍁 ——— 중고차 구하기

땅이 넓고 대중교통이 우리나라만큼 잘 발달하지 못한 캐나다에서 운전은 무조건 필수이다. 운전에 서툴러 걱정인 엄마들도 있겠지만 한국보다 운전하기가 10배 이상 수월한 캐나다이다. 일단 운전면허가 있다면 운전 실력에 대해서는 걱정하지 않아도 된다. 만약 캐나다에서 차가 없이 생활한다면 활동의 한계가 많아 캐나다 생활을 온전히 누릴 수 없으니 자동차는 꼭 구입하기를 권한다.

내가 캐나다에 막 도착했을 당시 코로나 직후라 중고차 구하기가 어려웠다. 한국으로 돌아가는 어떤 분은 중고로 구매했을 때보다 더 높은 시세로 되팔았다고 하니 중고차가 어느 정도 귀했는지 알 수 있을 것이다. 중고차가 아닌 새 차를 구매하려 해도 2~3년을 기다려야 구매할 수 있다고 해 싫으나 좋으나 일단 중고차를 알아봐야 했다.

캐나다에 들어가기 전 알게 된 한국분이 자동차와 관련된 일을 하고 계셨다. 그분을 통해 혹시 중고차를 구할 수 있는지 먼저 문의했었다. 실제로 지역 카페나 블로그에 자주 차 직거래가 올라온다. 중고차 거래 시 원래 주인이 차의 상태를 정비업체에서 점검하고 확인해 문제없음을 증명해

엄마와 캐나다 엄마되기

주는 필수 과정이 있으니 혹시 문제 있는 차량을 구입하지 않을까 하는 걱정은 조금 내려놓도록 하자. 캐나다가 아니라 한국에서도 마음먹고 속이는 사람을 아무리 주의해도 당할 수 없으니 편안하게 생각하자.

나는 운 좋게 그분의 친구가 차를 팔려고 한다는 이야기를 듣고 1주일만 기다려 달라고 요청했다. 도착 이후 고민할 여지도 없이 구매했고 곧바로 등록과정을 거쳐 살 수 있었다.

중고차 명의를 이전하는 과정에서도 300만 원 가까운 돈을 세금으로 내야 했는데 이 부분도 미리 준비해야 한다. 나는 등록 비용(세금)이 있다는 것을 모르고 갔다가 갑자기 큰 비용을 바로 지불하는 것이 당황스러웠고 이후 자동차 보험료까지 추가로 지출되어 예상치 못한 많은 돈이 들어갔다.

차를 구매하고 나면 우리나라와 마찬가지로 보험 가입은 필수이다. 캐나다 현지에서 보험 가입경력이 없으니 초기 보험료가 높을 수밖에 없었다. 이때를 대비해 한국에서 무사고 운전기록 증명에 관한 서류를 영문으로 발급해 가는 것이 좋다.

보험중개인을 통해 가입하는 자동차 보험이 400만 원 가까이 되는 너무 비싼 금액이라 다시 한번 알아보았는데 우리나라처럼 인터넷으로 바로 가입하는 상품이 있었다. 인터넷상으로 여러 보험사에 견적을 문의해 보면 적당한 금액을 찾을 수 있는데 그중 가장 저렴한 250만 원 정도로 가입할 수 있었다. 그리고 다음 해부터는 가입경력이 있으니 조금 더 저렴한 가격으로 가입할 수 있다.

🍁 ─── 운전면허증 발급받기

캐나다는 한국 운전면허증이 있으면 간단한 신체측정과 서류 작성 이후 그 자리에서 바로 캐나다 운전면허증으로 교환해준다. 예전에는 우리나라 면허증을 가지고 오면 한국 대사관에 가서 공증으로 받은 후 캐나다 면허증으로 교환했었는데 최근 몇 년 전부터 우리나라 면허증 뒷면에 영문 표기가 되어 있어 이 절차도 사라져 훨씬 편리해졌다. 실제 면허증이 발급될 때까지 2주 정도 시간이 걸리는 데 그동안 쓸 수 있는 임시 면허증을 먼저 주고 그것만 있다면 바로 운전을 시작할 수 있다.

나중에 알고 보니 우리나라처럼 운전면허증을 바로 교환해주는 나라가 몇 개 없었다. 중국이나 중동권의 여러 나라, 베트남 지역에서 온 학교 친구들은 캐나다의 면허증을 따기 위해 필기, 실기시험을 각각 봐야 했는데 시간도 오래 걸리고 영어로 진행되어 곧잘 떨어지기도 했다. 그 친구들은 우리나라의 면허증이 별다른 절차 없이 바로 교환되는 것을 정말 부러워했다.

CHAPTER 2

딱 1년만!
따뜻한
캐나다 교육
이야기

PART 1

걱정 반
설렘 반
부모의
학교생활

난생처음 받은 All A 성적표

❧ ── 어학원 수업 겁먹지 말자

캐나다를 선택한 가장 큰 이유는 아이들의 무상교육 혜택을 받을 수 있어서였다. 부모가 학생비자를 받으면 아이들은 인원 상관없이 고등학교까지 혜택을 받을 수 있으니 비용 절감을 위해서는 좋으니 싫으나 일단 나의 공부가 필수였다.

공부에 손 놓은 지 오래되고 무엇보다 영어가 나에게도 그동안 힘든 장벽이었는데 과연 가능할까 싶은 마음에 누구보다 걱정이 되었던 사람은 나 자신이었다.

내 또래 엄마들에게 아이 세 명을 데리고 다른 보호자 없이 캐나다의 학교에 다녔다고 이야기하면 그게 현실적으로 가능하냐고 의심스러운 질문을 하는 사람들이 정말 많았다.

그 질문에 긍정적인 대답을 하면 내가 학교를 등록만 해 놓고 대충 다녔다거나 아니면 아이들이 아무것도 하지 못하고 방치되었을 것이라고 아이를 키워본 부모라면 당연하게 생각한다. 그 누구보다 걱정이 많았던 나였는데 1년이 지나 귀국할 무렵 나의 학교생활도 아이의 학교생활도 만족할 만한 성과를 냈고 무엇보다 걱정했던 만큼 어렵지 않아 적극적으로 추천하게 되었다.

나를 비롯한 주변 모두의 걱정은 기우였음을 알리듯 나의 학교 성적은 첫 학기에 3과목 모두 A 이상을 받았고 그 이후로도 대부분 A의 성적을 받았다. 대학 다닐 때 한 번도 받아보지 못한 성적표를, 그것도 자신도 없었던 영어를 ALL A 받았다니 나도 믿을 수가 없었다.

원래 영어를 잘한 게 아니냐고 생각할 수 있지만 난 고등학교 때는 중국어를 대학에서는 국문을 전공했다. 문과 계열에서 입학성적으로만 놓고 본다면 단연 탑은 영문과지만 영어를 정말 어려워하고 싫어해서 영문과 전공을 피하려 부단히 애쓰던 사람이 나였다.

나 역시 첫째 아이처럼 한국식 영어에 익숙해 영어는 어렵고 재미없다는 인식이 강했고 외국어에 흥미는 있었지만, 영어는 그다지 좋아하지 않았다. 학교 성적을 받기 위한, 졸업하기 위한, 취업하기 위한 영어성적 딱 그만큼만 공부했었다.

그럼에도 불구하고 영어로 소통하고 수업하는 캐나다 학교에서 ALL A를 받았다니······.

결혼과 출산 이후 아이를 키우는 긴 시간 동안 사회에서 점점 멀어지며 여러 가지 이유로 작아졌던 나의 자존감이 하나씩 하나씩 다시 펼쳐질 수 있는 디딤돌이 되어 주었다.

한 단계씩 적응하며 많은 시행착오를 겪다 보니 좋은 성적을 내며 수업 듣는 요령을 조금씩 파악할 수 있었다. 난 대학교 내의 어학원을 다니며 하루에 3시간씩 주 5일 수업을 들었는데 가장 낮은 반에서 시작하였다.

입학시험으로 쓰기(writing), 읽기(reading), 듣기(listening), 이렇게 3가지 영역을 봤는데 한국에서 줌으로 시험을 보다 보니 시스템 적응하는 시간이 오래 걸려 정작 시험을 볼 수 있는 시간이 부족했다. 오랜만에 보는 영어시험에 시간이 부족한 것뿐 아니라 나의 부족한 영어 실력으로 한참을 헤매었고, 결국 마지막 쓰기(writing) 시험은 아이들 데리러 가는 시간이 다가와 백지로 낼 수밖에 없었다.

2시간 남짓 영어시험을 보는 동안 머리가 하얗게 되는 경험을 한 이후로 이렇게 영어를 못하는데 캐나다에 가서 살 수 있을까? 오랫동안 고민했지만, 결과적으로 나의 실수를 가장한 부족한 실력이 캐나다 생활을 더 풍요롭게 해주었다. 8단계의 레벨 중 가장 아래 반에서 시작하게 된 나는 부담이 없고 편안하게 캐나다의 경험을 시작하게 된 것이다.

캐나다에 입국한 바로 다음 날부터 시차 적응도 되지 않은 몽롱한 상태로 첫 수업을 시작했다. 그런데 귀에 익숙하지 않은 제3국의 선생님(터키)의 영어에 이게 영어인지 터키어인지 정신이 하나도 없었다. 실제로 ESL 과목은 영어이지만 인도인, 터키인, 베네수엘라인 등 제3국의 선생님이 많아 제대로 다민족의 영어를 경험할 수 있었다.

첫 수업에는 눈동자 굴리는 소리가 날 정도의 눈치로 알아듣고, 같은 반 친구들에게 앞뒤 말이 전혀 안 맞는 영어로 물어보다 보니 어느새 수업이 끝났었다. 매일매일 이게 뭔가 싶다가 조금씩 알아듣고 칠판에 필기된 내용과 책을 보니 내가 한국 중고등에서 배운 문법을 영어로 배우는 것이라는 아주 단순한 원리를 깨달았다. 그 이후 공부가 쉬워지고, 이해되지 않는 부분은 한국말로 된 설명을 찾아보며 나름의 공부 방법을 만들어 갔다. 가끔은 그동안 한국어로 설명해도 이해가 잘 안 되는 부분이 있었는데 오히려 영어로 접근하니 더 잘 이해가 되기도 했다. 우리나라에서 중고등학교 정규 교육을 받은 사람이면 누구나 아는 내용들을 단지 영어로 배우는 것이라 ESL 수업은 생각보다 쉽게 점수를 받을 수 있었다.

그리고 한번 마음속에 그다지 어렵지 않다는 이미지가 만들어지니 숙제도 점점 더 수월해졌다. 같은 반 친구들이 대부분 나보다 한참 어린 친구들이라 최신 번역기 등을 이용해 공부하는 방법 등을 배우며 꽤 즐거운 학교생활을 할 수 있었다.

우리나라 사람들이라면 대부분 특유의 성실함과 정직함이 자연스럽게 몸에 익혀져 있다. 그래서 숙제를 정해진 시간에 제출하고 시험도 열심히 준비하니 그것만으로도 한국 학생들은 모두 훌륭하다고 교수님의 칭찬이 이어졌다.

생각보다 기본적인 성실함을 가지고 있는 다른 나라의 유학생이 많지 않았기에 담당 교수님께 매시간 넘치는 칭찬을 들었다. 특별한 이유에서

가 아닌 제시간에 숙제를 제출했다는 이유에서 말이다.

처음 한 학기(2달) 정도는 내가 학교에서 수업 듣는 것보다 기본적인 현지 생활 적응과 아이들 학교 적응에 더 집중할 수밖에 없었다. 그만큼 내 공부는 신경을 쓸 여유가 없었는데 어렵지 않은 내용이라 초반의 시기를 수월하게 넘어갔다. 그 이후 캐나다 생활에 차차 적응될 무렵 나의 수업 레벨도 점점 높아지니 공부도 점점 재미있어졌다.

아이들에 대한
배려가 많은 대학 수업

다른 무엇보다 가장 고민되던 부분은 아침 일찍 시작하는 나의 수업 시간이었다. 나의 수업은 아침 8:00 시작이었는데 코로나 이후 첫 학기라 이외에 선택할 수 있는 다른 반이 없었다.

문제는 아이들 등교 시간이 8시 40분. 아이들 보내고 학교에 가면 빨라야 9시였다.

아침 돌봄(daycare) 같은 걸 보내야 하나 고민했는데 아이가 많다 보니 비용도 만만치 않았다. 그래서 교수님께 상황을 솔직하게 말씀드리고 매일 조금씩 늦을 수 있다고 말씀드리니 의외로 쉽게 괜찮다고 말씀해 주셨다. 최대한 빠르게 오도록 노력하겠다고 말씀드리니 걱정하지 말고 아이들 편안하게 보살피라고 말씀해 주셔서 정말 감사했다. 다행히 내가 다니는 학교 성적평가에 출석은 포함되어 있지 않았고 시험이나 숙제 등의 평가로만 이루어져 있었다.

다시 한번 아이들을 배려해 주는 사회 분위기를 느낄 수 있었다. 과연 한국이라면 가능했을까? 그 이후 아이들 모두가 학교 쉬는 날이 나의 시험 날짜와 겹치게 될 경우, 미리 말씀드리자 다른 날 따로 볼 수 있게 배려해 주시기도 했다. 그리고 새벽 늦은 시간 제출되는 나의 숙제를 확인하고 혼자 아이 3명을 데리고 얼마나 힘드냐며 '너를 정말 존경(respect)한다'고 오히려 용기를 주셨다.

아이들에 관한 일을 부탁하고 배려받는 것이 캐나다에서는 절대 어려운 일이 아니었다.

매일 수업 시간에 조금씩 늦게 출석했지만 수업에 적극적으로 참여하고 숙제를 매번 성의 있게 제날짜에 꼬박꼬박 제출한 것이 첫 학기 ALL A를 받을 수 있었던 요령이었다.

맞다. 나도 참 성실하고 사회적으로 인정받는 괜찮은 사람이었는데!

그날 성적표를 본 순간을 계기로 예전의 열정 넘치던 나의 모습을 되찾을 수 있었다. 세 아이의 엄마가 아닌 나 자신 그대로의 모습을 찾으며 학교생활을 더욱더 열심히 또 즐겁게 할 수 있게 되었다.

그리고 다행히 다음 학기부터 11시 시작하는 수업이 개설되어 바쁜 아침 시간의 어려움 없이 수업을 쭉 이어갈 수 있었다. 캐나다의 하루하루 시간이 지날수록 나의 고갈되었던 마음과 건강한 자신감, 그리고 배려받는 행복함이 차곡차곡 쌓여만 갔다.

월	화요일	수	목	금
31	11월 1일	2	삼	4	5
ESL0201 030 08:00-11:00 WB321	ESL0205 030 08:00-12:00 WB321	ESL0205 030 08:00-11:00 WB321	ESL0201 030 08:00-10:00 WB321	ESL0205 030 08:00-11:00 WB321
		ESL0200 030 12:00-14:00 WB321	ESL0200 030 10:00-13:00 WB321	
7	8	9	10	11	1
ESL0201 030 08:00-11:00 WB321	ESL0205 030 08:00-12:00 WB321	ESL0205 030 08:00-11:00 WB321	ESL0201 030 08:00-10:00 WB321	ESL0205 030 08:00-11:00 WB321
		ESL0200 030 12:00-14:00 WB321	ESL0200 030 10:00-13:00 WB321	
14	15	16	17	18	1
ESL0201 030 08:00-11:00 WB321	ESL0205 030 08:00-12:00 WB321	ESL0205 030 08:00-11:00 WB321	ESL0201 030 08:00-10:00 WB321	ESL0205 030 08:00-11:00 WB321
		ESL0200 030 12:00-14:00 WB321	ESL0200 030 10:00-13:00 WB321	
21	22	23	24	25	2
ESL0201 030 08:00-11:00 WB321	ESL0205 030 08:00-12:00 WB321	ESL0205 030 08:00-11:00 WB321	ESL0201 030 08:00-10:00 WB321	ESL0205 030 08:00-11:00 WB321
		ESL0200 030 12:00-14:00 WB321	ESL0200 030 10:00-13:00 WB321	
28	29	30	12월 1일	2	스
ESL0201 030 08:00-11:00 WB321	ESL0205 030 08:00-12:00 WB321	ESL0205 030 08:00-11:00 WB321	ESL0201 030 08:00-10:00 WB321	ESL0205 030 08:00-11:00 WB321
		ESL0200 030 12:00-14:00 WB321	ESL0200 030 10:00-13:00 WB321	

아침 8시 시작하는 엄마 학교 시간표

Mon	Tue	Wed	Thu	Fri	
1 May	2	3	4	5	6
8	9	10	11	12	13
ESL0300 100 11:00-12:00 WB133 ESL6103B 100 12:00-15:00 WB133	ESL6102B 100 11:00-14:00 WB133	ESL6101B 100 12:00-15:00 VRTUAL	ESL6102B 100 11:00-14:00 WB133	ESL6103B 100 11:00-14:00 WB133	
15	16	17	18	19	20
ESL0300 100 11:00-12:00 WB133 ESL6103B 100 12:00-15:00 WB133	ESL6102B 100 11:00-14:00 WB133	ESL6101B 100 12:00-15:00 VRTUAL	ESL6102B 100 11:00-14:00 WB133	ESL6103B 100 11:00-14:00 WB133	
22	23	24	25	26	27
Victoria Day 07:00-22:00 College Closed	ESL6102B 100 11:00-14:00 WB133	ESL6101B 100 12:00-15:00 VRTUAL	ESL6102B 100 11:00-14:00 WB133	ESL6103B 100 11:00-14:00 WB133	
29	30	31	1 Jun	2	3
ESL0300 100 11:00-12:00 WB133 ESL6103B 100 12:00-15:00 WB133	ESL6102B 100 11:00-14:00 WB133	ESL6101B 100 12:00-15:00 VRTUAL	ESL6102B 100 11:00-14:00 WB133	ESL6103B 100 11:00-14:00 WB133	

한 학기가 지나자 11시 시작하는 반이 개설되어 여유 있게 다닐 수 있게 되었다.

엄마의 하루 시간

6:00 ~ 6:30	기상	도시락, 아침 식사, 등교 준비
7:20	첫째 등교	아이 혼자 스쿨버스 타러 가기
8:15	둘째, 셋째 등교	엄마가 스쿨버스 타는 곳까지 데려다주거나 학교로 직접 데려다주기
9:00 ~ 10:00	집 정리 및 청소, 장보기	아이들 등교 후 돌아오는 길에 마트에 들려 장보기, 집 정리
10:30	학교로 출발	오전 시간에는 차가 막히지 않아 20분 정도 예상
11:00 ~ 2:00	엄마 학교 수업	점심 식사 시간이 있을 때도 있고 없을 때도 있다.
3:00	첫째 귀가	혼자 집으로 올 수 있어 대부분 나보다 먼저 도착했다.
3:00 ~ 3:30	엄마 귀가	오후에는 대부분 교통 체증이 있는 편이라 서둘러 집으로 왔다.
3:40	둘째 셋째 귀가	스쿨버스 정류장에서 픽업 후 친구들과 공원에서 잠깐 놀기도 한다.
4:00	간식	한 끼 식사처럼 든든히 먹는다.
5:00 ~ 7:00	액티비티 활동	운동(농구,축구,수영등), 미술 활동(art) 등 다양한 활동을 하기도 하고 동네 친구들과 어울리기도 한다.
7:00	저녁 식사	하루에 한 끼는 꼭 한식을 찾아 대부분 저녁은 한식으로 먹었다.
8:00 ~ 10:00	숙제하기	첫째는 주 2회 수학 과외, 둘째 셋째는 한국 문제집, 학습 탭 영상으로 공부했다.
10:00 ~ 11:00	취침	집 정리를 하고 내일 아침 식사, 도시락을 미리 준비해 둔다.
11:00 이후	엄마의 숙제, 공부 시간	대부분 늦게까지 공부하고 늦은 시간에 숙제를 제출했다.

한국에서의 생활과 비교했을 때 아이들 학원 데려다주는 일만 없을 뿐 비슷한 시간표인데 훨씬 단순하다는 느낌이 들었다. 사람들도 만나고 운동, 취미 활동을 했던 오전 3시간 동안 공부한다고 생각하면 그렇게 부담스럽지 않은 일정이다.

만약 캐나다에 머무는 동안 학교에 다니지 않았다면 어땠을까?

대부분 집안일만 하다가 특히 요리를 주로 하다 아까운 시간을 보냈을 것 같다. 한국만큼 만나는 사람도 없고, 재미있는 것들도 없고 집에만 있더라도 뒷마당 작은 정원이 있어 자연의 아름다움을 가까이서 느낄 수 있으니 집 밖에 나가는 일 자체가 많지 않았을 것이다.

조용한 것을 좋아하고 인위적인 것들을 싫어하는 나이지만 매일매일 비슷한 시간을 보냈다면 캐나다의 평화로움을 느끼기 전에 우울하다는 생각을 먼저 했을 것 같다. 그리고 한국으로 돌아갈 시간만 기다리며 이렇게 추천하는 글은 절대 쓰지 않았을 것이다.

어디에 있든 엄마인 내가 움직인 만큼 아이들은 많은 것을 보고 느끼고 성장한다. 거기에 매일매일 엄마의 기분과 컨디션을 가까이서 그대로 느끼는 것이 아이들이라 엄마의 좋은 에너지는 아이들을 잘 자라게 하는 데 큰 자양분이다. 아이들에게 캐나다에서의 생활이 좋은 기억으로 남을 수 있었던 것 중 엄마의 밝고 활기찬 에너지가 느껴진 것도 한 부분이 아닐까 싶다.

한국으로 돌아온 이후 엄마로서 삶의 에너지가 고갈되는 순간들이 올 때면 캐나다의 생활이 너무 그리워졌다.

Esther, 내 이름으로 불리는 순간

내가 다른 엄마들에게 캐나다에 왔다면 꼭 대학 공부가 아니더라도 스스로만을 위한 무언가를 했으면 하고 권하는 이유가 있다. 좋아하는 책을 읽든지, 산책을 하든지 매일 같은 일상 속이 아닌 스스로에게만 집중하고 투자하는 시간을 가지라는 이야기이다.

대부분 한국의 엄마들은 아이를 낳고 키우는 동안 엄마의 삶을 충실히 살아간다. 지금은 엄마의 이름으로 살고 있지만 학교 다닐 때는 열심히 공부했고 사회 구성원으로도 각각의 역할을 잘 해내었다. 하지만 결혼, 출산과 함께 갑자기 바뀐 삶의 모습 안에서 각자 다양한 이유로 힘들지 않은 사람이 얼마나 있을까?

나도 매번 나의 정체성, 일에 대한 욕심과 열정, 그리고 아이들을 키워야 하는 엄마로서 매달리는 삶의 순간들에 고민하고 좌절하는 시기가 많이 있었다. 특히 세 아이를 낳아 키우다 보니 그런 시간이 남들보다 길었고 몇 배는 더 깊었다.

첫째 때는 나의 삶에 더 비중을 두었고, 둘째 때는 좀 더 적은 비중을 두다 셋째 아이를 낳으면서는 그런 생각할 겨를도 없이 하루하루 정신없이 지냈다. 그렇게 나를 살필 여유조차 없이 15년이란 시간이 지나 있었다.

그러던 중 오랜만에 학교에 다니면서 아이들 엄마로서가 아닌 나의 이름으로 불리고 내 이름으로 발급된 성적표를 받아본 순간을 기억한다. 그 순간이 자신에 대해 다시 한번 깊게 생각하게 된 계기가 되어 준 것이다.

아이들에게도 한국과는 다른 엄마의 모습과 생각의 변화가 긍정적인 영향을 주었다.

한국에 있을 때는 '엄마는 나 학교 가고 나면 뭘 해?'라며 잉여 시간을 누리고 있는 나의 모습을 아이들이 떠올렸다면, 캐나다에서 1년을 지내는 동안 가까이서 나의 생활을 보고 또 이야기 나누며 엄마에 대한 에너지 넘치는 새로운 긍정적인 이미지를 가지게 되었다.

1년이 지난 후 아이들의 영어 실력이 훌쩍 높아져 '엄마 영어 발음은 이상해.'라는 부정적인 평가를 하기도 하지만 새로운 과정을 하나씩 이루어가는 엄마의 모습을 가까이서 보게 된 것이 잔소리처럼 들리는 말이 아닌 행동으로 보여주었던 좋은 기회가 되었다.

1년 과정을 마치고 한국에 돌아왔을 때 나는 나대로 아이는 아이대로 이루어낸 것들을 공유하며 또다시 만들어진 새로운 돈독함이 생긴 것도 긍정적인 면이다. 그리고 그 나이의 아이들이라면 걱정하는 사춘기를 무난히 넘기길 수 있었고 오히려 엄마인 나는 아이에 대한 강한 믿음을 가질 수 있게 되었다. 그동안의 관계와 또 다른 차원의 부모와 아이 관계가 만들어진 것이다.

캐나다에서 아이들과 아주 가깝게 지내며 생각을 나누는 동안 아이는 부모의 뒷모습을 보고 자란다는 말을 다시 한번 느끼게 되었다. 그리고 아이들은 엄마의 매 순간을 날카로운 눈으로 지켜보고 있다는 것도 알게 되었다. 엄마는 한순간도 헛되이 살 수 없는 참 어려운 자리인 것 같다. 하지만 애들아. 엄마도 누구 엄마가 아닌 내 이름이 있는 멋진 사람이란다.

같은 수업을 듣던 친구들. 각 나라의 다양한 친구들은 캐나다 생활에서 큰 즐거움을 주었다. 아직도 연락하고 지내는 친구들이 있을 만큼 어려운 시기를 같이 지낸 특별한 돈독함이 있다.

엄마로서 나를 반성하고
되돌아보는 시간

사람의 기분을 좌우하는 데 날씨는 큰 역할을 한다. 캐나다 자연이 좋다고 하지만 동부 쪽은 낮 시간이 짧고 겨울이 무척이나 길고 춥다. 그래서 굳이 꼭 나가야 하는 일정이 없다면 일부러 외출하지 않은 것도 캐나다 날씨에 적응하는 삶인 것이다. 하지만 일단 움직이고 나면 다음 행동을 하게 되는 것은 부지런한 삶을 살았던 한국 사람의 습성인지라 억지로라도 학교에 나가야 하는 삶이 추운 날씨에 이겨내는 데 큰 도움이 되었다. 그리고 무엇보다 한국에서 얼마나 쓸데없는 데 시간을 많이 쓰고 살았는지 생각하게 되었다. 나이가 마흔이 넘어가고 나의 관계가 아닌 아이들 혹은 교회, 시댁, 친척, 가족 등 다양하게 엮어진 관계들이 너무 과하다는 생각이 항상 있었다. 하지만 그때그때 당연히 해야 하는 일들이 너무 많았고 그로 인해 나는 물론 원가족이 힘들어지는 상황이 반복되었다. 이 상황들을 알고 있었지만 그렇다고 갑자기 모든 것을 끊을 수는 없었다. 게다가 이렇게 과한 인간관계 사이에서 정작 가장 중요한 나를 돌보는 시간을 가질 수 없었던 것도 사실이었다. 서서히 이러한 주변 환경에 피로감을 느끼게 되었을 무렵 캐나다로 가게 되면서 자연스럽게 힘든 상황들이 정리된 것도 적절한 시기에 얻은 꼭 필요한 성과 중 하나였다.

쓸데없는 것들에 쏟을 에너지를 나와 아이들에게 집중하다 보니 아이들과의 관계는 저절로 좋아졌고 아이들의 속 깊은 이야기도 나눌 수 있게 되었다.

아이들이 마음속 깊이 있었던 내가 몰랐던 힘들었던 점을 이야기하고 듣는 내내 깜짝 놀라는 과정을 여러 번 반복하며 아이들 역시 나만큼이나 정말 많이 참고 있었구나 하는 생각이 들었다. 그 힘든 시기들을 알아채지 못한 엄마가 얼마나 야속했을까 싶어 미안한 마음도 커졌다. 그때 왜 바로 이야기하지 않았는지 물어보았는데 자기는 이야기했는데 엄마가 바빠 귀기울여 듣지 않았을 것 같다고 하는데 눈물이 나올 정도였다.

아이들을 양육하는 긴 세월 동안 이렇게 마음속에 쌓인 어려움을 나눌 수 있는 시간이 없었으면 어땠을까? 아무리 가족이라도 혹은 같이 보내는 물리적인 시간이 많은 관계라도 저절로 알고 가까워질 수는 없다. 많은 이야기를 통해 생각을 나누고 그 안에서 공통된 혹은 반대되는 생각들에 대한 의견을 나누면서 서로 알아가는 것인데 부모와 아이들의 관계도 다르지 않다고 생각한다. 같이 생활하고 같은 경험을 하고 같은 교육을 받았다 하더라도 생각까지 같아질 수는 없다. 특히 아이들이 유치원, 학교에 간 이후로 아이들의 생활을 100% 알 수 없기에 아이가 커갈수록 부모와 멀어지는 것은 어찌 보면 당연한 일이다. 그러다 사춘기가 되면 아이가 갑자기 어색해진다고 하는데 갑자기가 아니라 서서히 멀어짐을 눈치채지 못하고 있음의 결과라는 생각이다.

아이들 모두 각각 고유한 생각이 있고 엄마가 모르는 그들만의 경험들이 있었을 텐데 한국에서의 엄마는 그런 이야기는 나눌 여유가 없었다. 언제나 대화의 주 내용은 오늘의 숙제, 학원 일정 등 해야 할 일들이 대부분이었고 그마저도 시간에 쫓겨 긴 이야기를 나눌 수가 없었다. 세 아이의 일정을 온전히 챙기다 보면 항상 종종걸음으로 뛰어다녀야만 했고 여유를 가지며 걸어 다녀 본 기억도 별로 없었다. 하교 후 쉬는 시간, 간식 먹는 시간 역시 이동하는 차 안에서 먹고 쉬는 게 일상이었고 학원 앞에 내려줄 때도 따뜻하게 눈 한 번 못 맞추고 시간에 쫓겨 뛰어 올라가기가 일쑤였다.

아이들이 크는 내내 계속 그렇게 살았다면 어땠을까?

아이들의 마음을 온전히 받아주는 사람, 그들의 마음속 의미를 아무도 모르게 눈치채야 하는 사람이 엄마이다. 그런데 가장 큰 역할을 하지 못한 채 학습적인 면을 크게 강조하는 삶을 계속해서 살았다면 가까워지기는커녕 점점 더 멀어지는 것이 당연했을 것이다. 만약 그런 삶이 계속 진행된 이후의 나와 아이들의 관계를 상상해본다면 정말 아찔할 정도이다.

이러한 당연한 이치를 캐나다에 와서야 깨달았다니……. 나 역시 아이들에게 미안할 정도로 아둔하고 못난 엄마였지만 지금이라도 알게 되었으니 얼마나 다행인가?

같은 사람이라도 한국에 있으면 한국 엄마가 되고 캐나다에 있으면 캐나다 엄마가 되는 게 환경이 주는 힘이다. 주변에 아이와 시간을 보내겠다는 목적으로 휴직하는 엄마들이 종종 있는데 그들에게 짧은 기간이라도 아이들과 한국을 떠나 지내보라고 강하게 이야기하고 싶다. 만약 한국에 계속 머물게 된다면 학원 일정을 소화하고 숙제시키고 또 집안일과 식사 챙기는 것만으로도 일할 때보다 더 여유는 없어지고 하루하루가 한정되고 아까운 휴직의 시간을 의미 없이 보내게 될 확률이 크기 때문이다. 그리고 오히려 아이와의 사이가 더 나빠질 수도 있으니 무조건 환경을 바꿔 엄마와 아이가 마음 편하게 지낼 수 있는 곳에 머물러 보기를 추천한다.

나와 이런 과정을 함께 겪은 아이들은 한국 학교 기준 중1, 초4, 초2로 돌아온 후 다른 한국 아이들과 다른 모습을 가지게 되었는데 무엇보다 엄마와 많은 이야기를 나누고 서로에게 무조건 강요하지 않고 의견을 나누는 습관이 그것이다. 가끔은 엄마의 의견이 받아들여지지 않아 서운하기도 하지만 자기만의 생각과 관점, 기준이 생겼다는 점을 오히려 감사하게 생각한다. 혹시 스스로 한 결정으로 인한 실패를 하더라도 그 책임 역시 스스로 감당해야 함을 배우는 중이니 엄마인 나는 기다려주는 방법을 선택했다. 그래서인지 세상 가장 무섭다는 중2병을 걱정할 시기에 오히려 캐나다의 1년의 공백을 걱정하며 더욱 공부를 열심히 해야겠다고 말하는 중2의 모습을 보게 되는 기적을 경험하게 되었다.

넓게 트인 전망대에서 먼 곳을 한없이 바라보며 아이들은 무슨 생각을 하는 걸까? 아무 말 없이 바라보고 있지만 그만큼 아이들의 생각이 커지고 있음을 엄마는 느끼게 되는 순간들이다.

그리고 한국에 돌아온 후 내가 가장 달라진 점이 아이들 영어학원 숙제를 손쉽게 도와주게 되었다는 점이다. 내가 캐나다에서 배웠던 것들과 별반 다르지 않은 것들이라 힐끔 봐도 무엇인지 알게 되었다. 캐나다 가기 전과 비교했을 때 이 경험은 나 역시 너무 놀라웠다. 그 전에 아이들 영어학원 숙제를 아무리 봐도 무슨 소리인지 알 수 없을 때도 있었고, 그동안 배웠던 영어와 다른 방법으로 풀어내야 하니 손을 댈 수 없는 것도 많아 오히려 아이에게 어떻게 해야 하는지 물어보기도 했다. 하지만 이제는 슬쩍 보고도 내용을 금방 알아채고 적극적으로 도와줄 수 있게 되었으니 1년 동안 나의 영어 실력도 많이 향상되었음을 느꼈다.

PART 2

즐거움과
호기심 가득
아이들의
학교생활

공립 학교도
2개의 교육청이 있다

캐나다에 9월 10일경 도착했는데 캐나다 학교는 새 학기가 이미 시작되어 있었다. 오자마자 교육청 등록과 시험을 서둘렀다고 하지만 아이들의 학교 첫 등교는 9월 말에나 가능했다.

한국에서는 1, 3, 6학년 2학기가 시작되고 왔는데 캐나다에 오니 2, 4, 7학년으로 시작하게 되니 한국보다 1학기가 빠른 셈이었다. 학기가 시작하고 시간이 어느 정도 지난 상태라 반 친구들과의 적응이 어려울까 걱정했지만 아이들은 무사히 적응해 주었다. 하지만 학교나 담임 선생님이 나눠주는 새 학기 오리엔테이션 자료 등 새 학기 관련 정보를 놓친 게 많이 있었고 학교에서 세세하게 챙겨주지 못해 실수가 조금씩 있었다. 만약 캐나다 유학을 가게 된다면 아이들 학교 시작 일정을 맞춰 다른 아이들과 같이 시작할 수 있는 것이 좋을 것 같다.

캐나다에서는 여러 종류의 교육청이 있는데 크게는 불어 교육청과 영어 교육청으로 나뉜다. 그중 나의 아이들이 소속된 교육청은 영어 교육청이었는데 영어 교육청도 퍼블릭 교육청과 카톨릭 교육청 두 곳으로 나뉜다. 불어, 영어의 차이점은 언어의 차이뿐 학교 시스템의 많은 차이는 없었지만 반 구성원은 차이가 있었다.

그리고 카톨릭과 퍼블릭 두 곳의 차이점은 종교의 차이인데 난 종교의 이유보다 집에서 가까운 것을 우선으로 고려해 첫째 아이는 카톨릭 교육청을, 둘째, 셋째 아이는 퍼블릭 교육청으로 접수했다.

아이들이 각각 다녀야 하는 두 학교의 거리상의 편의를 위한 것도 있었지만 첫째 아이가 퍼블릭 교육청을 접수한다면 배정되는 학교가 7, 8학년만 있는 규모가 아주 작은 학교였기 때문에 피하기도 했다.

캐나다의 학제는 도시마다 다르고 같은 도시라도 학교마다 다르다. 5세 킨더(kindergarten)부터 6학년까지 혹은 7학년까지 있는 퍼블릭(public)도 있다. 그리고 7, 8학년만 따로 있는 미들(middle)도 있고 7학년부터 12학년까지 있는 하이(high)도 있다. 학교 명칭도 퍼블릭을 제외하고는 미들(middle), 세컨더리(secondary), 하이(high) 스쿨 등 여러 가지가 있어 처음엔 많이 헷갈렸다. 각각 명칭은 몇 학년이 있는지에 따라 다른데 세컨더리와 하이스쿨은 비슷한 의미로 볼 수 있다. 즉 학교 명칭은 그다지 의미가 없다고 생각하면 된다. 몇 학년을 이수했는지는 학교 명칭이 다르다고 바뀌지 않고 동일하기 때문이다.

다만 중등부터는 12학년까지 있는 하이스쿨이 많은데 그 안에서도 7, 8학년은 인터미들(intermiddle)로 나눠 따로 관리가 된다. 그래서 7, 8학년 성적표에는 하이스쿨을 다니지만 인터미들로 표시가 된다.

public school은 초등학교의 명칭이다.

7학년부터 12학년까지 있는 high school이다.

secondary school도 중고등학교 명칭이다.

🍁 ───── 입학시험은 긴장하지 않아도

캐나다에 도착한 후 교육청에 입학 신청하면 시험을 봐야 한다. 시험이
라지만 어렵지 않고 영어로 진행되는 수업을 들을 수 있는지를 간단히 확
인하는 정도이다. 만약 수업을 따라가기 힘들다면 ESL이 있는 학교로 배정
해 주고 수업을 듣기 무리가 없다고 판단되면 가까운 거리의 학군 내 학교
로 배정해 준다. 그리고 근처에 ESL 학교가 없다면 학군 내 학교를 배정해
준 후 1주일에 몇 시간씩 ESL을 다른 학교에 가서 듣도록 해주기도 한다.

5세에 킨더를 캐나다에서 막 시작한 한국 친구 아이의 이야기를 들어보
니 숫자 10까지 영어로 셀 수 있는지를 물어보고 간단히 인사 정도를 했다
고 한다. 5세 그 아이는 한국에서 영어를 전혀 배운 적이 없었지만 큰 문
제가 없이 통과할 수 있었다고 한다. 즉 교육청 테스트에 너무 부담 갖지

않아도 된다는 의미이다.

우리 집 아이들은 학기가 시작하고 나서 갔더니 카톨릭 교육청은 줌으로 테스트를 진행한 이후 학교 배정해 주었고, 퍼블릭 교육청은 아이들의 영어 실력이 기본적인 의사소통에 문제가 없냐고 물었다. 그리고 테스트 하기까지 시간이 좀 걸릴 수 있다며 학기가 시작했으니 일단 다니고 나중에 테스트하자고 했다. 7학년 첫째 아이의 테스트는 좋아하는 책에 관해 물어보고 가족에 관한 이야기 정도였는데 내용의 정확도를 보았다기보다는 의사 소통이 가능한지, 영어 실력이 학교생활을 할 수 있는 정도인지를 알아보는 수준이었다. 그리고 한 가지 주제를 주고 쓰기(writing)을 한 후 바로 사진 찍어 메일로 보내게 했다.

그리고 2, 4학년 동생들은 학교 다니는 동안 따로 테스트를 보았는지 사실 잘 모르겠지만 수업을 따라가는 게 문제가 없어서인지 그 이후 교육청에 따로 연락받지는 않았다. (나는 알 수 없었지만 학교에서 따로 아이들 테스트를 한 후 보고를 했을 가능성도 있다. 아직까지 당시 교육청 테스트를 하지 않은 이유를 정확히 모르겠다.)

아마 아이의 유학 비자(외국인 TO)였으면 반드시 테스트했겠지만 부모의 유학비자(내국인 TO)라 조금 편하게 진행되었던 것 같다. 캐나다에 아이들이 무상교육의 혜택으로 가게 되면 해당 학생들은 외국인이 아니라 내국인 TO로 분류가 되어 내국인과 똑같은 대우를 받게 된다. 아이의 유학비

083

자로 왔던 친구는 방학 동안 교육청에서 실시되는 캠프나 교육을 유료로 진행했어야 했는데, 내국인으로 구분되는 우리 아이들은 무료로 들을 수 있는 나름의 혜택이 있었다. 하지만 방학 중 수업은 나도 모르게 빨리 마감되어 신청하지는 못했다. 그리고 외국인 TO는 지역마다 자리의 한계가 있어서 마감되면 다른 곳으로 가야 하지만 무상교육은 인원의 제한이 없으니 대부분 가까운 거리의 학교로 배정받게 된다. 아이러니하게도 제 돈 내고 오는 유학생들보다 무상교육으로 오는 학생들이 여러 가지로 이익 보는 것이 많던 것이다. 불편한 점이라면 무상교육으로 오는 아이는 학생 보험이 가입되지 않아 엄마 학생 보험에 가족으로 같이 신청하거나 따로 가입하는 것뿐이었다.

색이 칠해진 날은 쉬는 날인데 학기 중에도 쉬는 날이 많이 있다. 대부분 아이들은 이 시기에 맞춰 가족 여행을 간다.

OCDSB SCHOOL SUPPLIES LIST

Junior Kindergarten to Grade 3

The Ottawa-Carleton District School Board has developed a common list of recommended personal use items for students in grades JK-3 and grades 4-8. This list of supplies is strictly voluntary; parents/guardians are not required to purchase or provide the items listed. As a result, it is a parent/guardian's choice to send the following items for use by their child for the first day of school in September.

12 pencils **(not required for kindergarten)**
2 erasers (preferably white)
1 package of crayons
1 package of coloured pencils
1 package of coloured markers
1 metric ruler **(not required for kindergarten)**
1 pair of blunt scissors
2 glue sticks

Grade 4 to Grade 8

12 pencils
2 erasers (preferably white)
1 metric ruler
1 pair of blunt scissors
2 glue sticks
3 ballpoint pens
1 package of coloured pencils
2 packages of 3-hole lined refill paper
6 duotangs
1 package of coloured markers
1 calculator
6 lined notebooks
1 geometry set
2 highlighters
3 binders
binder dividers

학교에서 나눠 준 준비물 목록. 새 학기가 시작되면 각 마트마다 학교 준비물(school supply) 코너가 따로 있어 손쉽게 구할 수 있다.

캐나다 학교 분위기는 이렇다

🍁 ──── 한 반에 나이가 제각각

　캐나다 학교의 가장 특이한 점은 학년을 섞어 반을 배정한다는 것이다. 1, 2학년이 한 교실에 있기도 하고 각각 학년별로 단일 학년이 있기도 하다. 둘째 아이는 4, 5학년 섞인 반에 소속되어 있었고, 셋째는 2학년 단일 학년으로 구성된 반에 소속되어 있었다. 우리나라처럼 나이를 엄격하게 나눠 언니 동생을 따는 것이 아닌 이름을 부르며 편하게 지내는 문화다 보니 어색하지 않았다. 처음에는 다른 학년을 같은 교실에서 한 선생님이 어떻게 수업을 진행하나 이해할 수 없었지만 정해진 교과서 없이 각각 학년에 맞는 프린트물을 나눠 주고 수업하기에 큰 문제가 되지 않았다. 오히려 둘째 아이는 4학년 수준의 내용이 너무 쉬울 때 5학년 프린트물을 받아 공부하기도 했으니 아주 손해를 보거나 불편한 점은 없었던 것 같다. 아이들도 그 문제에 대해 불편함을 이야기한 적이 없었으니 캐나다 전체적으로 흔히 있는 문화인 것이었다.

　그리고 앞서 말했듯이 교과서가 없고 딱히 가지고 오는 결과물이 없어 학교에서 뭘 배우는지 알 수가 없다. 하지만 학기가 끝날 때 그동안 공부한 것들을 한꺼번에 잔뜩 가지고 왔었는데 양이 꽤 많은 걸 보면 마냥 놀지만은 않은 것 같다.

캐나다에서는 선생님, 학교와의 소통을 대부분 이메일로 한다. 우리가 간단하게 두세 줄씩 문자 메시지로 보내는 것조차도 이메일로 소통한다고 생각하면 된다. 그래서 학교의 공지나 담임 선생님의 알림장들이 모두 이메일로 오는데 매일 아침 6시에 오늘 스쿨버스의 정상 운행, 운행취소 상황까지 이메일로 알려준다. 그래서 캐나다 사람들이 가장 많이 사용하는 g-mail 계정 사용하기를 추천한다. 나는 이렇게 이메일을 많이 사용하는지 모르고 한국에서 쓰던 naver로 모두 수신등록을 해 놨었는데 캐나다에서 낯선 메일계정이라 굳이 g-mail을 알려달라고 하는 사람도 많았다. 실제로 아이들 구글 클래스룸 등에 들어가야 할 일이 많아 다시 g-mail을 등록해야 하는 번거로움도 있다.

둘째, 셋째가 다닌 학교는 500년이 넘은 오래된 학교였는데 그만큼 규모도 크고 아이들도 많았다. 이 학교 역시 불어반과 영어반이 나누어져 있었는데 반 구성 아이들의 국적이 불어, 영어반의 많은 차이를 보였다. 아침 등교 시간 전 운동장에 모여 있다 종이 울리면 담임 선생님의 지도에 따라 각자의 교실로 줄지어 들어간다. 그때 아이들을 보면 영어반 구성원의 대부분은 이민자들이었다. 영어가 모국어인 아이들이 영어반에서 공부한다는 것은 많은 혜택이 없으니 어찌 보면 당연하다. 캐나다 수도인 오타

087

2학년 교실의 친구들.

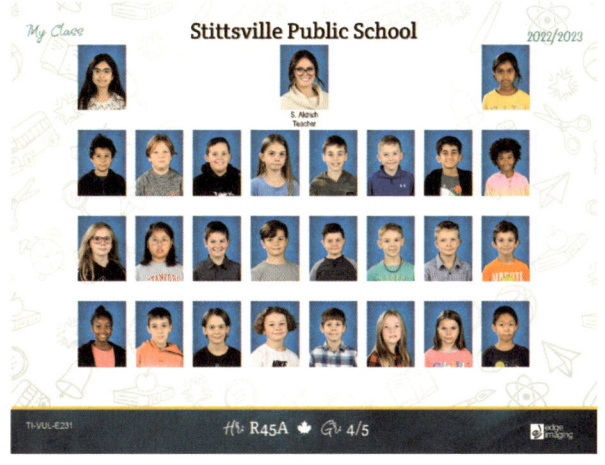

4, 5학년 합반 교실의 친구들.

와의 특성상 공무원이 되려면 불어를 잘하는 게 필수인데 그래서인지 현지 캐나다인 대부분은 불어반을 선택한다.

그리고 한국과 다른 점 중 기억에 남는 것 중 하나가 담임 선생님이 안오는 날이 정말 많았다는 것이다. 갑자기 아프다거나 병원을 가야 하는 일정, 혹은 개인적인 일정으로 학교에 오지 않는 날이 많았는데 아무도 그것에 대해 항의하지 않았다.

둘째의 선생님은 20대 초반의 에너지 넘치는 선생님이었다. 선생님이 빠지는 날 전직 교사셨던 선생님의 어머님이 대신 오셔서 수업하기도 했고, 종종 남동생이 와 체육 수업을 같이 해주기도 했다니 한국인의 정서로는 이해할 수 없었지만 아이들은 다양한 선생님을 만날 수 있어서 무척 좋아했다. 그리고 선생님이 키우는 애완동물을 데리고 오기도 하고 직접 구운 쿠키도 가지고 와 아이들에게 나눠주기도 하는 등 선생님과 아이들의 교실 분위기는 참 따뜻했다.

그리고 공식적인 휴일을 제외하고도 1달에 1~2번 정도는 학생들의 성적처리, 수업 준비를 위해 학교가 쉬는 날(PD DAY)이 있었다. 아이들 가르치는 것 이외의 업무는 대부분 학교 사무실에서 해주니 캐나다에서 공립학교 선생님의 워라밸(work life balance)은 상당히 좋은 편 같았다.

아이들의 지각이나 결석 등 모든 학사 관련은 담임 선생님이 아닌 학교

사무실, 데스크에서 관리했다. 대부분 이메일로 연락을 주거나 급하면 전화를 주었는데 학교생활에 관한 문제들은 담임 선생님이 아니라 학교 데스크 선생님이 연락을 주어 담임선생님과는 개인 상담 이외에 따로 연락할 일은 없었다.

학기별로 1~2번 정도 담임 면담이 있는데 둘째, 셋째 아이는 등교를 시작한 지 2주 만에 첫 상담이 있었다. 나는 담임 선생님과 깊은 이야기를 나눌 정도의 영어 실력이 되지 않아 걱정되어 미리 하고 싶은 말을 준비했었는데 그 덕분에 많은 이야기를 나누었다.

셋째 아이의 상담에서는 이제 막 캐나다에 와 기본적인 적응에 대한 걱정이 많았는데 한국에서 온 지 전혀 몰랐다고 하셨다. 캐나다 다른 도시에서 이사 온 아이인 줄 알았다고 할 정도로 적응을 잘하고 있다는 선생님의 말씀에 안심이 되었다. 그리고 한국에서 영어를 어떻게 배웠길래 이렇게 잘하냐고 물어보시면서 영어에 대해서도 걱정하지 말라는 이야기를 들으니 학교생활을 잘 해내고 있는 아이들이 참 고마웠다. 또 자기도 아이 셋을 키웠다며 아이를 키우는 엄마로서의 마음도 공감해 주며 많은 긍정적인 에너지를 얻게 해 주었다.

11월 막내의 생일이 있어 반 선생님, 친구들에게 간식이 담긴 구디백(goody bag) 대신 양말을 보냈는데 그 이야기를 수업 중에 자주 언급해 주셨다고 한다. 예를 들면 촉감에 대해 언급할 때면 "데이지가 우리에게 선물해 준 양말의 부드러움이야.", "기분 좋은 상상을 할 때는 그 양말에 있는 스마일 모양을 상상해봐!" 등이었다. 작은 선물이었지만 아이가 적응하기 힘들었던 초반 좋은 인상을 주기에 좋은 기회가 되었고 이제 막 적응하려 애쓰는 아이를 위한 선생님의 배려가 담긴 멘트에 고마움이 느껴졌다.

교실 친구들에게 선물한 양말.

2학년 교실의 모습. 나중에 알고 보니 나의 대학교 친구 아들도 같은 반에 있었다.

091

4, 5학년 교실의 모습. 젊고 에너지 넘치는 담임 선생님 덕분에 이벤트가 자주 있었다.

둘째 아이 상담에서도 아이의 적극적이고 긍정적인 면에 대해 많이 이야기해 주어서 안심되었다. 학년이 높은 만큼 교실에서의 친구 관계에 대해 여쭤봤더니 다양한 나라, 문화의 아이들인 모여 있는 만큼 그 안에서 많은 일이 일어난다는 것을 알고 계셨고 교실 내에 일어나는 일은 언제든 어려워하지 말고 이야기해달라며 안심시켜 주셨다.

20분 정도 정해진 시간이 있어서 긴 이야기는 하지 못했지만 선생님의 성향을 알 수 있고 교실 안의 분위기도 볼 수 있는 기회이니 아이들 학교 상담이 있다면 꼭 참석해 담임 선생님도 만나고 교실 분위기도 직접 보기를 바란다.

학교에 많은 이벤트가 있으니 아이들에게 학교는 항상 즐거운 곳이다.

무엇보다 인상적이었던 것은 상담을 마치고 나오자 기다리고 있던 다른 학부모님들의 옷차림이었다. 화장기 하나 없이 편한 레깅스 차림의 어머니와 이제 막 작업을 마치고 돌아오신 듯한 아버님의 옷차림이었는데 전혀 어색하지 않고 자연스러웠다. 그리고 보니 상담하는 선생님 역시 레깅스 차림이었는데 바로 앞에 앉아 있었던 나 역시 특별하게 인식하지 못하고 그마저도 매우 자연스러웠다.

그리고 스승의 날, 크리스마스, 선생님 생일 등의 행사가 있으면 선생님께 감사의 선물을 주는 문화가 있다. 비싸고 거창한 것이 아니라 초콜릿

이나 쿠키 등을 많이 주는데 난 스타벅스 카드나 인디고라는 서점 등의 상품권을 선물로 준비했었다. 주변을 잘 살피는 둘째가 "우리 선생님은 매일 아침 스타벅스 커피를 들고 와."라는 말에 힌트를 얻어 30불~50불 사이의 스타벅스 상품권을 드렸고 자기 선생님은 책을 좋아하신다는 막내의 말에 인디고 상품권을 역시 비슷한 가격대로 준비했었다.

다른 한국 친구는 한국적인 기념품을 준비했는데 현지에서 약과나 한국 과자 등을 함께 포장해 선물하기도 했다. 선물의 내용보다 준비한 성의에 더 많은 의미를 두는 문화여서 이것 역시 좋은 선물이 되었다. 그리고 선물보다 카드에 더 의미를 두는 편이니 감사 카드도 잊지 말고 같이 보내도록 하자.

과연 학교에서는 무엇을 배우나?

🍁 ——— 유학하기 가장 좋은 학년은?

한국, 캐나다 두 나라의 교육을 고려한 여러 가지 상황상 어학을 위한 유학을 하기 좋은 학년을 묻는다면(한국학교 기준) 4학년 2학기에 가서 6학년 2학기 정도에 돌아오는 유학이 가장 좋다는 생각이다. 초등학교에서 초등학교로 오는 상황이 행정상으로도 수월하고 학적상으로도 문제가 거의 없지만 초등학교에 해외에 나가 중학교에 돌아오는 상황이라면 행정적으로나 학습적으로 신경 쓸 것들이 많기 때문이다. 중등은 초등과 달리 인정 유학에 관한 기준도 까다로울 뿐 아니라 돌아왔을 때 아이들 교우관계나 학습적인 면을 따라가야 하는 것 등 생각하고 미리 준비해야 할 것이 많다. 무엇보다 중2부터는 본격적으로 고등학교 입시를 시작해야 하는 시점이라 아이도 부모도 마음의 부담이 커질 수밖에 없으니 유학의 시기를 잘 결정해야 한다.

학교마다 조금씩 다르겠지만 대부분의 중학교가 중2부터 내신 평가 시험을 보고 그 결과로 고등학교를 결정한다. 그래서 늦어도 중2에는 한국에 돌아와야지만 한국 입시를 할 수 있다는 말은 어느 정도 맞는 말이다. 사정상 중2가 넘어 외국에 머물려야 할 경우에는 한국에 돌아오지 않고 현지에서 학업을 계속 이어가는 것을 생각하는 부모님들이 많을 수밖에 없는 이유이기도 하다. 그렇다고 절대적인 것은 아니다. 특례를 받을 수 있는 상황도 있을 수 있고, 한국의 입시를 하지 않을 수 있는 국제 학교로 돌아올 수도 있으니 각각의 상황과 여건에 맞춰 방법을 찾으면 얼마든지 길이 있다. 각각에 맞는 상황을 잘 판단하고 다양한 방법들을 찾다 보면 단기 유학이지만 한국의 입시에도 좋은 영향을 미칠 수도 있다. 이것 역시 계속 두드리다 보면 가장 잘 맞는 길이 보일 것이다.

영어교육의 성과로만 놓고 본다면 캐나다 학교 2학년을 다닌 셋째의 영어 실력은 퇴행(?)했고, 4학년을 다닌 둘째는 가장 많은 향상을 보였고, 7학년을 다닌 첫째는 회화는 많이 늘었지만 눈으로 보일 만큼의 영어 실력 향상은 그다지 없었다. 하지만 그보다도 영어에 대한 강한 거부감을 사라진 것이 가장 큰 소득이었다.

우리 집에서 유일하게 영어 유치원을 7세에 1년 동안 다닌 셋째는 캐나다에서 2학년이라고는 하지만 학교에서 배우는 내용이 너무 쉬웠다. 7세유치원에서 배운 단어들보다 쉬운 단어들을 학교에서 시험을 보니 막내는물 만난 물고기처럼 스트레스 없이 학교생활을 즐겼다. 영어 유치원을 다닌 덕분에 캐나다 학교에서의 적응은 수월했고 의사소통에 전혀 문제가없을 만큼 영어 수준이 나쁘지 않았기에 가능했던 일이었다.

다만 선생님의 개입이 많이 없고 대부분의 일을 아이들 자율에 맡기는분위기라 한국의 엄격함과 다른 교실 분위기에 적응하느라 시간이 좀 걸렸는데 이 부분은 아이의 개인적인 성향이라고 생각되었다. 다양한 나라의 친구들이 많은 교실 안은 문화적인 차이점이 많을 수밖에 없다. 아이는반 친구들의 생각하지도 못한 반응과 해결 방법을 지켜보며 이 과정은 역시 다양성을 배우는 과정이라고 생각하며 나름대로 잘 지냈다.

영어뿐 아니라 학교에서 배우는 수학 과학 등 다른 과목들도 한국 교육과 비교했을 때 수준이 높지 않아 모든 과목에서 우수한 성적을 낼 수 있었다. 한국과 다른 점은 대부분 학교 수업 중에 끝내게 하고 남은 과제를 집에 가지고 오는 일이 드물었고 발표처럼 집에서 준비해야 하는 것도 어떻게든 아이 스스로 해결하려 노력했다. 엄마가 보기에 좀 버거워 보이는 내용이라 도와주려고 하면 오히려 혼자서 하겠다고 우기며 엄마의 의견과 평가를 거부해 결과물조차 보여주지 않기도 했다.

그래서 가방에 꼭꼭 숨겨놓은 것들을 아이가 잠들면 몰래 꺼내 보기도 했는데 한국에서의 완벽하고 화려한 과제들을 접했었기에 대부분 결과물의 상태가 만족스럽지 않다고 느낀 적이 많았다. 하지만 아무리 이상하더라도 선생님과 반 친구들에게 창의적이라는 칭찬으로 마무리가 되니 아이는 스스로 하는 방법을 더욱더 고민하고 깨우쳐 갈 수 있었다. 무엇을 하든 아이가 학교에서 가장 많이 듣는 말이 'Good job! Great! Wonderful!' 인 것이다.

캐나다에 가서 처음 배우게 되는 불어 역시 저학년이라 기초부터 가르쳐 영어보다 눈에 띄게 실력이 높아지는 것을 볼 수 있었다. 불어로 된 노래를 흥얼거릴 수 있고 불어로 된 연극을 준비할 수 있었던 것을 보면 불어를 전혀 모르는 내가 보기엔 아이의 불어 수준과 상관없이 그저 멋있는 아이처럼 보였다.

새로운 언어를 배운다는 것은 그 나라의 문화를 잘 알 수 있는 좋은 기회가 될 수 있다. 그래서 다양한 언어를 배우는 것을 선호하는데 캐나다에서 생각지도 못한 불어를 접하게 된 것은 의외의 큰 수확이라고 생각한다. 한국으로 돌아온 이후 집 근처에 있는 프랑스학교에서 매주 불어 수업을 들었는데 우리처럼 캐나다에서 불어를 접하고 온 친구들이 꽤 많이 있었다.

시간이 좀 지나자 아이들이 불어는 많이 잊게 되었다. 하지만 불어를 다시 제대로 배운다고 하더라도 거부감없이 시작할 수 있는 기회가 되었으니 그것만으로도 참 다행이다.

캐나다 교육의 효과를 가장 많이 본 아이는 단연 둘째 아이였다. 우리나라 교육과정도 그렇지만 4학년 무렵부터 학습 면에 깊이가 생기는 과정이 시작된다. 예전에 읽었던 책에서 뇌과학자가 말하기를 뇌에서 학습을 담당하는 부분이 서서히 열리는 시기가 이 무렵이라 학교 교육 과정 역시 그에 맞춰져 만들어졌다고 했다. 그 책을 읽은 이후로 아이들의 공부 계획을 짤 때 본격적인 학습은 4학년부터라고 항상 생각하고 있었는데 뇌 발달 나이는 나라마다 차이가 없으니 캐나다의 교육과정도 이와 마찬가지였던 것 같다.

교과서가 없는 학교에서 뭘 배우는지 알 수가 없지만 그래도 종종 집에 가지고 오는 프린트물을 보면 생각보다 체계적인 과정이라는 느낌을 받았다. 학년이 섞여 있는 반이 있는 것도 학년에 상관없이 아이에게 맞는 수준의 프린트물을 각각 나눠줄 수 있으니 어떻게 보면 모든 학년을 같은 수준으로 가르치는 교육보다 더 나을 수도 있다는 생각이 들었다. 그리고 내용을 좀 더 들여다보면 '너의 생각은 어떠니?', '너라면 어떻게 해결했을 것

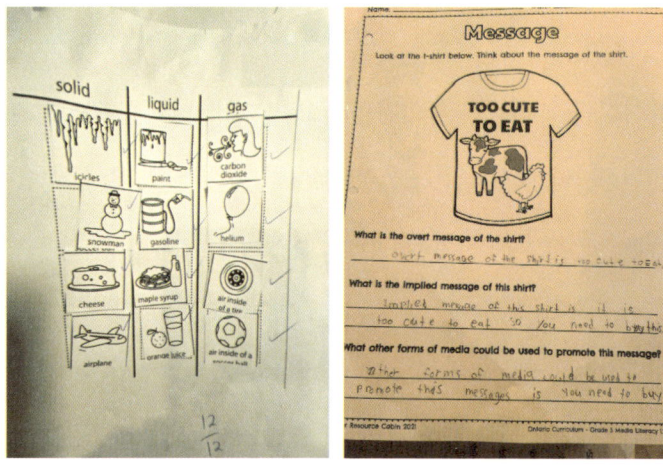

2학년에서 배우는 것들.

4학년에 배우는 것들.

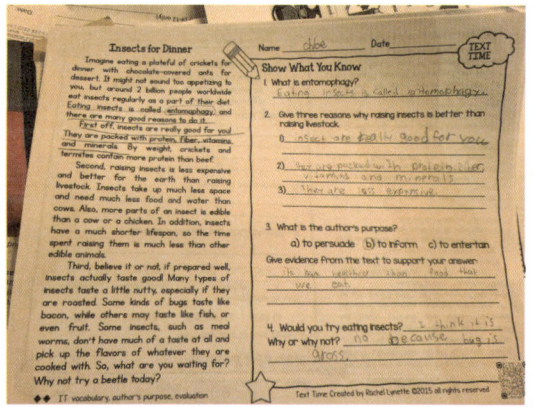

4학년이 배우는 것들 2.

099

같아?'와 같이 아이가 스스로 해결하고 여러 번 생각하게 만드는 내용들이 대부분이었다.

많은 아이들의 각각 다른 의견을 듣고, 각자 다른 해결 과정을 보는 것에서도 나라마다 가지고 있는 문화적인 특성도 알 수 있으니 교실 안에서 세계 여러 나라의 문화를 자연스럽게 배울 수 있었다.

마지막으로 캐나다에 와서 중학교를 처음 접한 첫째 아이의 생활은 어린 동생들의 학교생활처럼 자세히 알 수는 없었다. 한국에서도 중학생 10대는 좀 다른 삶을 시작하게 되는데 캐나다도 마찬가지였다. 7학년부터는 매일 아침 교실(homeroom)에 모여 담임 선생님의 조회(?)를 듣고 각각 가지고 있는 시간표대로 강의실을 옮겨 다니며 수업을 듣는다. 그리고 3분의 짧은 쉬는 시간 내에 복도의 개인 사물함에서 책을 빠르게 꺼내 가는데 서양 학교 관련 영화에서 보던 복도의 분주한 고등학교 모습 그대로였다. 중학교 역시 교과서가 따로 없어 마찬가지로 프린트로 수업하니 과목별로 정리하는 바인더를 필수로 가지고 다녀야 한다. 또 대부분 수업이 구글 클래스룸에서 자료를 보고 과제를 제출해야 하기 때문에 노트북도 꼭 필요하다. 노트북이 없는 경우 학교에서 대여해주기도 하지만 크롬만 사용할 수 있는 학생용 저가 노트북을 시중에서 쉽게 구할 수 있으니 개인용으로 준비하기를 추천한다. 나는 첫째 아이용으로 급하게 250불 정도 되는 노트북을 구매했는데 100불이 조금 넘는 정도의 금액으로도 학습만을 위한 노트북을 구매할 수 있었다. 아이가 캐나다에서 산 노트북이라 한글자판이 없는 점이 불편했다고 하니 필요하다면 한국에서 구매해 가는 것도 좋은 방법인 것 같다.

주요 과목 이외에 헬스나 체육 수업 정도에서는 같은 교실(homeroom) 아이들을 만나고 다른 수업은 각각 다른 교실에서 들었다고 한다.

불어로 수업을 하는 아이와 영어로 수업하는 아이의 차이가 아니었나 싶은 추측이다.(초등학교에서는 불어, 영어반이 나뉘어 있었지만 이 학교는 그렇지 않았다.)

그리고 첫째 아이는 카톨릭 교육청 소속 학교이다 보니 종교 수업이 있어 주 1회 정도 길 건너에 있는 성당에 가서 미사를 드렸다고 한다. 그리고 퍼블릭 교육청 소속 학교와는 다르게 크리스마스 행사를 크게 하는 점도 특징이었다.

퍼블릭 교육청 학교에서는 '메리 크리스마스(merry christmas)'라는 흔한 인사도 다른 종교를 배려하는 의미로 '해피 홀리데이(happy holiday)'라고 인사하는 경우가 많이 있다. 크리스마스, 라마단 등 각 종교별 행사를 같은 무게로 진행하려 하는 부분이 인상적이었다.

우리나라 아이들의 강점 중 하나는 바로 수학이다. 한국에서 수학을 못한다고 걱정했던 아이들도 캐나다에 가면 바로 수학 천재가 되는 경험을

101

할 수가 있다. 게다가 초등학교 고학년부터 계산기를 쓰는 법을 배우고 중학교부터는 계산기가 필수이니 사소한 연산 실수로 수학에 자신감을 잃었던 아이들도 캐나다에서는 어깨가 잔뜩 올라간다.

　첫째 아이는 한국에서도 수학이 강점인 아이였는데 캐나다 중등 수학은 당연히 너무 쉬웠다. 계산기를 쓰지 않고 복잡한 문제들을 술술 푸는 것을 본 친구들은 "너 미쳤구나!"를 연발했고 "난 절대 한국인으로 태어나면 안 될 것 같아. Kevin 같은 반 친구가 많다면 말이야!" 등의 이야기를 하며 아이의 자존감을 잔뜩 세워 줬다.

　특히 수학 선생님은 프린트물을 주면서 "이거 Kevin은 13분 만에 푼 거야."라고 이야기하시기도 했고 선생님이 어려워서 못 푸는 문제를 첫째 아이를 불러 풀어보게 하기도 했다. 선생님이 틀리고 아이가 맞추었을 때는 어떻게 풀었는지 차근차근 설명을 듣고 대단하다며 아이에게 무한한 칭찬을 해 주었다.

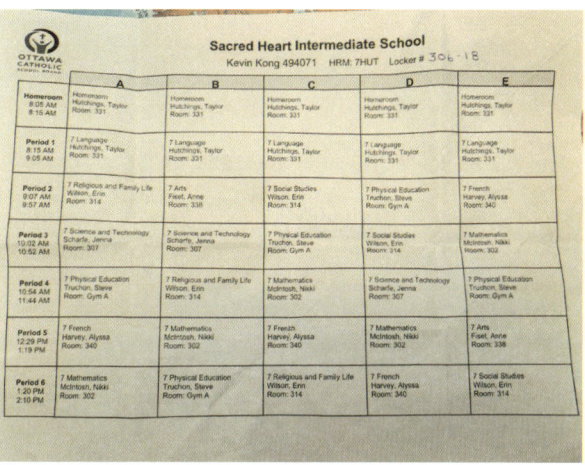

카톨릭 교육청은 등교 시간이 퍼블릭 교육청보다 빠르다. 하지만 그만큼 일찍 끝나 학교에 머무는 시간은 비슷하다.

7학년 수업내용

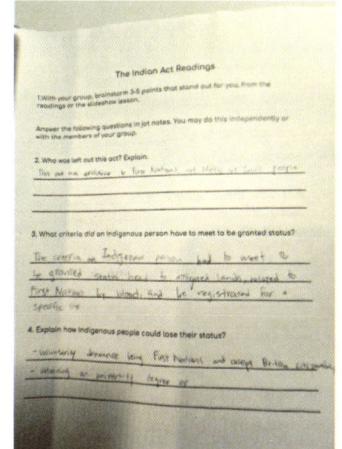

103

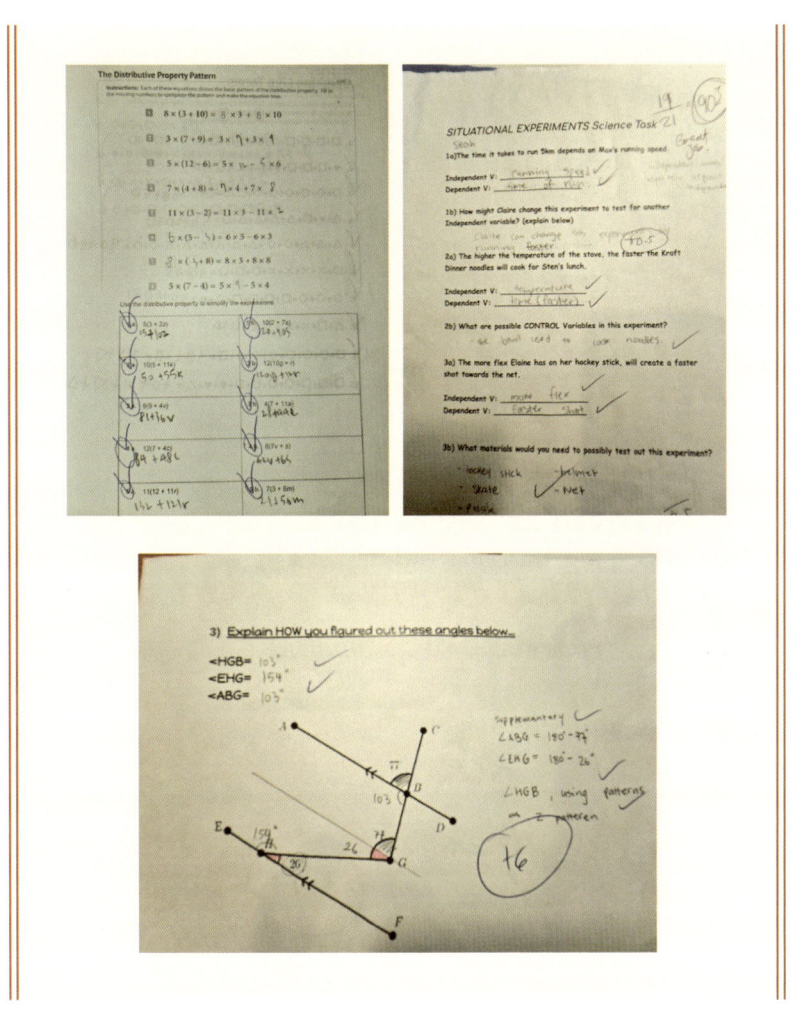

중학교부터는 다양한 클럽활동이 활성화되어 있었다. 아이가 학기 중간에 들어가는 바람에 흥미 있는 클럽에 참가하지 못한 것을 많이 아쉬워했다. 하지만 운동은 각 학교 별 토너먼트(tournament)가 있을 때마다 선수를 뽑았는데 첫째 아이는 매번 지원했었지만, 서양인과 동양인의 신체적인 한계를 극복하지 못했는지고 선수 선발에 떨어지는 아픔을 맛보기도 했다. 하지만 그때마다 속상해하지 않고 차이점을 인정하고 결과를 받아드리는 것 역시 아이가 많이 배운 부분이라고 생각한다. 그리고 비록 떨어지긴 했지만 무엇이 부족했는지를 분석하고 보완점을 찾아가며 계속 도전하는 용기도 얻게 되었다.

한국과 캐나다의 교육을 경험해 본 이후 사람들이 어느 곳이 더 좋은지에 대한 질문을 많이 한다. 하지만 어느 곳이 더 좋다고 단편적으로 말할 수는 없을 것 같다. 한국 교육이 빡빡하고 치열하긴 하지만 그 안의 치밀함과 잘 갖추어진 사교육의 가성비는 어느 나라도 따라올 수가 없는 확실한 장점이 있다. 하지만 열심히 노력한 과정에 대한 보상이 제대로 이루어지지 못하고 오직 결과로만 판단되는 경우가 대부분이라 그 부분이 가장 아쉽다. 반면에 캐나다는 누구에게나 공평한 기회가 주어지도록 노력하고 그 노력에 대한 보상이 있다는 것을 보여주는 곳이라는 생각이다. 그 기회나 보상이 꼭 공부의 결과가 아니라 다른 여러 가지 방면이 될 수 있고, 1등이 아니더라도 노력한 부분을 인정해주니 아이들이 안 좋은 결과 때문에 좌절하는 일이 많지 않다. 그렇게 각자가 다른 분야에서 자존감이 잘 형성되는데 이 부분이 캐나다 교육의 가장 큰 장점이라고 생각한다.

제일 중요했던 영어 실력에 대한 향상은 아직도 결론을 내릴 수는 없다. 한국 중학교의 영어는 진짜 영어 실력이라고 판단할 수 없을 만큼 단순 암기가 중요하다는 생각이라 진짜 실력을 알 수 없다고 생각한다. 그래도 그렇게 영어를 힘들어 했던 첫째 아이가 나쁘지 않은 성적을 받아 오는 것을 보면 아주 부정적인 결과는 아닌 것 같다. 무엇보다 영어에 대한 거부감이 사라지고 예전만큼 스트레스 없이 수행평가를 준비하게(틀린 말이라도 용감하게 내뱉을 수 있게) 되었으니 그것만으로도 만족스러운 결과라고 생각한다. 그리고 이제부터 진정한 영어 실력 향상에 관해서는 학원, 부모가 아닌 온전히 아이 개인의 몫이라 생각한다.

🍁 ─── 캐나다 학교의 성적표

1학기가 지난 후 성적표를 받았는데 선생님들이 우리나라보다 조금 더 세심하게 적어준다는 느낌이었다. 그리고 최대한 긍정적으로 적어주시는 점이 눈에 띄었는데 기본 바탕은 항상 'Good job!'인 것이다. 성적을 평가해야 하지만 결과보다는 한 학기 동안 수고한 아이의 노력을 칭찬해 주는 것에 중점을 두고 있었다.

한국의 교육은 많은 영역 중 부족한 부분만을 찾아서 채우려 노력하는 것이 교육의 목표라면 캐나다의 교육은 잘하는 것을 찾아서 그 분야를 더 잘하도록 도와주는 것에 가장 큰 목표를 두고 있다고 느꼈다. 그리고 단지 공부만으로 평가하지 않고 아이들의 무한한 가능성을 열어주는 길을 찾아주는 교육이 하는 곳, 그래서 아이들이 대부분 다 잘함을 받을 수 있다는 것을 알려주는 것이 캐나다 교육의 가장 큰 장점이라 생각된다.

캐나다 하이스쿨은 어떨까?

🍁 ── 너무 다른 문화 yearbook 사건!

첫째 아이는 하이스쿨을 다녀 동생들처럼 학교생활을 자세히 알 수가 없었다. 매주 이메일로 공지 사항을 보내주는 친절한 초등학교와는 달리 부모가 직접 학교 홈페이지에 들어가 매일 업데이트되는 공지 사항을 직접 확인해야 했다. 홈페이지로 공지된다는 것을 학교 다니고 한참 지난 후에 알게 되어 학기 초반에 주요 사항들을 놓친 것이 많이 있었다.

캐나다 아이들은 1년에 한 번씩 이얼북(year-book)이라고 앨범을 만드는데 사진 찍는 시기는 학교마다 각각 달랐다. 학기 초에 사진을 찍기도 하고 학기 중간에 찍기도 하는데 언제 찍는다고 공지를 주면 복장을 단정히하고 등교하면 된다. 그런데 첫째 아이 학교에서는 이 사진을 학기 초에 찍었는데 내가 관련 공지를 확인하지 못하고 놓친 것이었다.

초등학교 다니는 동생들은 학기 중간에 찍었기에 첫째 아이 학교도 기다리다 보면 사진 찍으라고 공지를 할 것이라고 생각하며 마냥 기다렸다. 나중에 알게 된 사실이었지만 학기 초 2번이나 추가촬영을 공지했었지만 난 전혀 모른 채 지나갔고 학기가 지난 후 첫째 아이 사진이 없는 앨범을 받아보고 나서야 그 사실을 알게 되었다.

딱 1년만 이 학교에 다니는 아이에게 기념적인 유일한 앨범인데 본인 사진이 없다니……

학교 사무실에 항의했지만 우리는 공지했었고 너가 놓친 거라 어쩔 수 없다는 답변만 받았다. 난 학기 중간에 들어왔으니 모르는 게 당연했고 특히나 해외에서 온 학생에 대한 관리와 배려가 전혀 없었다고 항의하기도 했지만 이미 앨범은 나와버렸으니 사실 방법은 없었다. 내가 가지고 있는 기본적인 학교의 시스템에 대한 관념으로는 전혀 이해되지 않는 상황이었다. 그래서 캐나다에서 오랫동안 중고등학교를 보낸 다른 학부모에게 이 상황을 물어보았다. 그분이 말씀하시기를 이얼북을 안 찍었다고 항의하는 사람은 거의 없다며 오히려 학교에서 너의 항의에 황당했을 거라는 답변을 들었다. 그 이유는 캐나다에서는 사진을 찍기 싫어하는 학생이 많고 개인적인 성향을 존중하기에 학교에서 강제적으로 하지 않고 오히려 크게 관심을 두지 않는다는 것이었다. 12학년 졸업앨범 정도는 안 찍은 학생들을 학교 차원에서 챙겨 찍도록 하지만, 7학년이 사진을 안 찍었다는 것에 대해서는 아무도 신경 쓰지 않는다는 것이었다.

우리나라였으면 난리 났을 상황이 캐나다에서는 쉽게 넘길 수 있는 가벼운 일이었고, 오히려 항의한 학부모가 이해되지 않는 상황이었다. 이 문제 역시 서로 다른 문화차이에서 오는 것이라 여기고 가볍게 넘겨야 했지만 그래도 아이 일생의 유일한 캐나다 이어북인데 사진이 없는 앨범을 받게 되었다니……. 내가 좀 더 잘 챙기지 못한 것에 대해 아이에게 미안했지만 그래도 아이가 친구들 사진을 간직할 수 있게 되어 괜찮다는 어른스러운 대답을 해 줘서 고마웠다.

학생 수가 많으니 이얼북 사이즈가 정말 두껍고 사진이 빽빽했다.

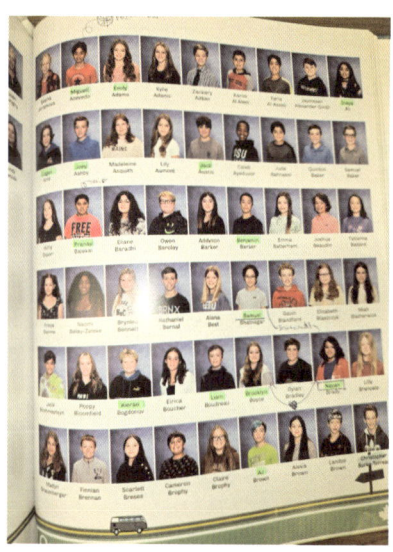

비록 자신의 사진은 없지만 친구들 사진이라도 남기게 되어 감사하다는 첫째 아이의 말이 정말 고마웠다.

수학 시간에 필수로 계산기를 쓴다고 했는데 우리가 생각하는 기본 연산만 하는 간단한 계산기가 아니라 대학에서 쓸법한 복잡한 계산기를 쓴다. 아이 말로는 계산기를 쓸 만큼 어려운 것을 배우지는 않아 실제로 몇 번 쓰지 않았다고 했다. 하지만 선생님이 필수로 가지고 오라고 하니 구매했는데 계산의 목적도 있지만 계산기를 사용하는 법을 배워야 하는 이유라고 했다.

　한국에서 수학 선행을 어느 정도 하고 온 상태였지만 다시 돌아갔을 때 무리 없이 학습을 이어 나가는 것도 중요하게 생각해야 할 부분이다. 우리나라 사람이 있는 지역은 세계 어디라도 반드시 모든 과외 선생님이 계신다. 특히 수학 과목의 선생님은 항상 있다. 만약 찾을 수 없다 하더라도 한국 선생님과 화상으로 수업하는 것이 어렵지 않은 세상이 되었다. 나는 캐나다 유학을 준비하면서 지역 카페를 통해 수학 과외선생님을 찾았고 도착하고 얼마 되지 않아 첫째 아이의 한국 수학 과외를 주 2회 시작했다. 한국과 달리 시간적 여유가 많으니 선행 진도를 빠르게 나가는 것보다 예전에 배운 것들을 천천히 복습하며 심화 문제를 중심으로 여유 있게 공부할 수 있도록 선생님께 부탁드렸다. 한국에 돌아갈 시기를 중학교 1학년 2학기를 예상했기에 캐나다에서 중2, 중3 수학을 다시 한번 풀어보도록 했다. 실력의 향상을 기대하기보다는 공부에 대한 감을 놓지 않는 정도만 바랐고 한국에서 시간 없어서 오랫동안 생각하고 풀지 못했던 수학 문제들을 좀 더 깊이 생각하고 풀어보기를 원해서였다. 캐나다에서도 꾸준히 공부 습관을 이어간 덕분이었는지 한국에 돌아왔을 때 학습상 공백의 차이를 크게 느끼지 못했고 전에 배웠던 진도도 무리 없이 이어갈 수 있었다. 엄마인 나보다 아이가 1년의 공백을 걱정했었는데 막상 돌아와 보니 캐나다 가기 전 같은 진도, 반이었던 친구들이 다시 같은 반에서 만나는 친구가 있었다며 아이 스스로도 1년 동안의 시간을 버려진 것이 아니라 재충전의 시간으로 여길 수 있게 되었다. 개인 능력과 상관없이 일괄적이고 빠른 한국식 선행 공부 방법과 기류가 진짜 공부를 위해서는 많은 의미가 없음을 아이가 스스로 느끼고 본인만의 방법대로 속도를 찾아 더 열심히 공부하는 긍정적인 모습을 가지게 되었다.

세상 제일 무섭다는 첫째 아이의 중2를 지내는 요즘 엄마와 큰 문제 없이 편안히 지내는 아이를 보며 캐나다에서의 시간이 얼마나 귀했는지를 다시 한번 느낀다. 이렇게 무사히 사춘기가 지나간 건가 싶은 생각이 들었는데 캐나다 갈 무렵 조금 어두워지고 부정적인 생각을 많이 하기 시작한 무렵, 아마도 이때가 사춘기를 막 시작할 시기이지 않았나 싶다.

"엄마, 캐나다는 지루한 천국이고 한국은 재미있는 지옥인 것 같아. 둘 중 하나를 선택해야 한다면 너무 어려운 결정일 것 같아. 그냥 일 년의 반반씩 와서 살면 안 될까?"

캐나다는 만 12세가 되면 더 이상 어린이로 생각하지 않아 많은 것들을 시도할 수 있다. 6월생인 첫째 아이는 생일이 지나자마자 현지 아이들이 할 수 있는 많은 것들을 도전했다. 캐나다 아이들은 수영 레벨이 어느 정도 되고 나이가 되면 라이프가드(Lifeguard) 자격증을 따기 시작하는데, 나이에 맞게 훈련받고 자격증을 취득하고 어느 정도 높은 등급이 되면 수영장에서 파트타임(PART time)으로 일할 수 있는 기회가 생긴다. 실제로 수영장에 가보면 라이프가드뿐 아니라 아이들에게 직접 가르치는 수영강사도 고등학생이 있는 경우가 많이 있었다.

라이프가드 자격증을 따는 과정은 실기 교육 후 필기시험도 봐야 하는데 첫째 아이는 당장 영어도 어려운 마당에 전문 용어가 나와 통과할 수 있을지 걱정이었다. 다행히 선생님이 어려운 단어를 조금씩 설명해주셨다며 무사히 통과해 1단계인 브론즈(bronze) 등급을 받을 수가 있었다.

그리고 또래 아이들이 많이 하는 파트타임 중 하나가 베이비시터(baby-sitter)이다. 라이프가드처럼 베이비시터 교육을 이수하면 시간당 15불 정도의 시급을 받을 수 있는데 이것 역시 첫째 아이가 과정을 이수해 자원봉사 등으로 활용할 수 있었다.

이렇게 종종 받는 시급을 모아 그토록 가지고 싶었던 닌텐도를 현지에서 구매할 수 있었는데 한국에서라면 절대 할 수 없었던 경험을 통해 성취

감을 느끼는 기회가 되었다. 비자 문제로 돈을 받는 정식 일은 할 수 없었지만, 지인 찬스를 통해 서브웨이(subway)에서 1일 알바를 해보는 귀한 경험도 할 수 있었다. 긴장하고 힘들었다고는 하지만 마치고 돌아오는 뿌듯한 표정의 아이를 잊을 수가 없다.

이렇듯 캐나다는 아이들에게 다양한 경험을 통해 적성을 찾을 수 있는 기회가 주어지는 곳이다. 캐나다에 생활한 지 2달 정도 지났을 때 그런 분위기를 느끼고 첫째 아이와 함께 나누던 이야기가 있다.

처음 입어본 서브웨이 유니폼을 너무 좋아한 첫째 아이, 많이 도와준 지수, 지환 아직도 너무 고마운 친구들이다.

라이프가드 실기시험 연습 중.

시험에 통과하면 집으로 오는 메달.

114

"영어는 환경이 만들어지고 어느 정도 시간이 지나면 많이 노력하지 않아도 저절로 되는 부분이 있어. 그러니 너는 캐나다에서의 시간을 영어에 집중하기보다는 조금 더 의미 있는 것을 하며 보내도록 하자. 앞으로 뭘 하면 좋을지, 좋아하는 게 어떤 것인지에 대해 좀 더 깊이 생각해 보는 게 어때? 꼭 다른 사람들이 평가하는 좋은 직업을 가지는 게 행복한 삶이 아니야. 엄마는 좋아하는 일이 직업이 되면 어느 정도는 성공한 삶을 살 수 있다고 생각하는데 좋아하는 것을 찾는 게 정말 어려운 일이야. 뭘 좋아하는지 뭘 잘할 수 있는지 계속 고민해보고 경험해봐. 여기서는 뭐든 다 해볼 수 있어. 하지만 어른이 되었을 때는 경제적인 독립은 꼭 해야 하니 돈을 못 벌고 좋아만 하는 일이 있다면 정말 직업으로 해도 괜찮은지 좀 더 고민해보도록 하자."

첫째 아이와 이런 주제의 대화를 자주 했었는데 그래서인지 무언가를 관심이 생기면 바로 실행할 수 있도록 도와주었다. 예를 들면 친구를 좋아하는 아이는 여러 명의 다양한 친구들에 대해 자주 이야기했는데 그 친구들의 이야기를 책으로 만들면 재미있을 것 같아 곧바로 친구들 관련 소설 쓰기를 권유했다. 그리고 수학 문제 푸는 기발한 방법을 이야기할 때면 수학을 설명하는 영상을 찍어보길 권했고, 심지어 패밀리링크(family link)로 막힌 핸드폰을 뚫어 부모님을 속이는 여러 가지 방법을 알아냈다며 그것을 연구하며 그 방법들을 나누는 유튜브를 하고 싶다는 이야기도 아주 편안하게 했다.

여러 가지 기회들과 방법들을 생각하고 경험하던 첫째 아이는 캐나다를 떠날 때가 되자 자기의 적성을 찾은 것 같다는 이야기를 해 주었다. 자기의 적성으로는 선생님이란 직업이 좋을 것 같다고 했다. 첫째 아이는 동생들, 다른 아이들과 같이 놀아주고 무언가를 가르쳐 주고 많은 이야기를 나누는 것이 너무 즐겁다고 했다.

그 이야기를 들은 이후 이런 생각을 들었다. 나중에 꼭 선생님이 되지 않더라도 좋아하는 것에 대해 고민하고 길을 찾아가는 여러 가지 방법을 배웠으니 앞으로 무엇이든 스스로 생각하고 결정할 수 있겠구나 싶었다. 그 순간 나의 어리숙했던 청소년기와 비교가 되며 내 아이의 성장이 정말 크고 멋있게 느껴졌다.

🍁 ──── 핸드폰 고민은 어느 나라에서나 똑같다

한국에서도 아이들의 핸드폰 소지와 관리에 대한 논란은 계속되고 있는데 캐나다도 마찬가지이다. 우리가 캐나다를 떠올렸을 때 상상하는 푸르른 자연 속에 해질 때까지 뛰어노는 아이들은 아주 어린 아이들 이외에는 더 이상 존재하지 않는 것 같다.

코로나를 겪으며 캐나다 아이들도 전자 기계 노출이 많았고 부모가 사용 시간 제한하는 것이 아이 자유에 대한 침해라고 생각하는 분위기도 있어 오히려 우리나라 아이들보다 전자 기계에 대한 노출이 더 많고 제약이 없기도 하다. 하이스쿨을 다니는 첫째 아이의 주변 친구들만 봐도 핸드폰이 없는 아이가 거의 없었고 스쿨버스가 지나갈 때 보면 버스 안 대부분 아이들이 핸드폰에 푹 빠져 있는 것을 볼 수 있었다.

한국의 아이들을 생각하고 시간이 많은 만큼 핸드폰에 무방비로 노출될 것을 많이 걱정한 남편을 배려해 첫째 아이의 캐나다 핸드폰을 개통해주지 않았었는데 그 부분은 조금 후회스럽다. 핸드폰이 없으니 친구들과 어울리는 기회가 많이 없었고 미리 연락을 할 수 없으니 집이 가깝더라도 수시로 만날 수가 없었다. 하루는 하교할 때 나에게 연락이 와 친구들과 학교에서 걸어서 20분 정도 거리의 맥도널드에 같이 가면 안 되냐고 물었는데 낯선 곳에서 집을 찾아오지 못할까 걱정되어 허락하지 못한 점이 참 미안했다. 만약 핸드폰이 있었다면 고민하지 않고 허락했을 일이었는데 말이다. 10대의 아이에게 순간의 기회를 함께 하지 못하게 한 것이 친구 만들 기회들을 많이 주지 못한 것 같은 생각이 들었다. 멀리 떨어져 매 순간 걱정이 많은 남편에게 또 다른 걱정을 주기 싫어서 그냥 두었는데 다음 기회가 있다면 아이에게 꼭 핸드폰을 만들어 줄 것이다.

PART 3

우리가
함께하는
일상생활

캐나다에도 사교육은 있다

🍁 ─── 지역 커뮤니티 센터(Community Center) 이용하기

학원이란 단어가 없는 캐나다에도 사교육은 있다. 우리나라처럼 한 건물에도 여러 개의 학원이 있는 정도는 아니지만 태권도, 짐나스틱 (gimnastic), 축구, 뮤직, 댄스 등 예체능 학원은 꽤 있고 학업에 관해서는 구몬센터 정도가 있다.

그리고 우리나라로 치면 구민회관 등과 비슷한 지역 커뮤니티 센터가 동네별로 있는데 프로그램도 다양하고 저렴한 가격에 좋은 시설을 이용할 수 있어서 대부분의 아이들은 커뮤니티 센터를 이용한다. 수영, 농구, 클라이밍(climbing), 태권도, 요가는 물론 댄스, 치어리딩(cheerleading), 아트, 액팅 등 각 센터마다 각각 다른 다양한 수업들이 있다. 하지만 이곳 역시 인기가 많은 수업은 5초 마감, 클릭 전쟁인데 수영이나 스케이트 등 각각 수업 등록하는 날짜와 시간이 나오면 많은 부모님들이 컴퓨터 앞에서 대기하고 5초 컷을 경험하기도 한다. 그만큼 등록이 쉽지 않아 수영 접수가 시작되는 다음 날 아침 학교 앞 부모님들의 스몰 톡(smalltalk)은 '너는 수영 등록에 성공했니?'가 대부분이었다.

나는 혼자 3명 라이드 해야 하다 보니 무엇보다 세 아이를 같은 시간에

들도록 하는 게 가장 중요했다. 다행히 매번 운 좋게도 세 아이들을 비슷한 시간에 등록할 수 있었는데, 여러 번 시행착오 끝에 나름의 노하우를 터득했다.

캐나다의 수영, 스케이트 레슨은 나이와 수영 실력에 따라 단계가 나뉘고 어느 센터나 프로그램이 똑같다. 어린아이일수록 각 수업당 인원이 적어 경쟁률이 치열한데 일단 미리 나온 시간표로 적당히 배치해 놓은 후 인기 많은 수업을 먼저 등록하고 나머지 아이들을 등록하는 순서로 하면 대부분 성공했다. 그 이유는 레벨이 좀 맞지 않더라도 엄격하게 제한하지 않아 레벨이 다르더라도 원하는 수업 등록이 가능했기 때문이었다. 6레벨 수준의 아이가 나의 시간표에 맞춰 8레벨을 등록해도 큰 무리가 없다는 의미이다. 그리고 레벨이 올라갈수록 등록 가능 인원도 많아져 세 아이의 시간 맞춰 등록하기가 어렵지 않았다. 다행히 첫째, 둘째는 한국에서 수영을 꽤 배운 뒤라 대부분의 수업은 무리 없이 따라갈 수 있었다.

The Kanata Chess Club is back after a long hiatus.

At the moment, the club has booked meeting rooms at the Beaverbrook Library for the following times:

Tuesday, February 7, 2023	6:00 p.m. to 8:00 p.m.
Tuesday, February 28, 2023	6:00 p.m. to 8:00 p.m.
Thursday, April 6, 2023	6:00 p.m. to 8:00 p.m.
Thursday, April 20, 2023	6:00 p.m. to 8:00 p.m.
Thursday, May 11, 2023	6:00 p.m. to 8:00 p.m.
Thursday, May 25, 2023	6:00 p.m. to 8:00 p.m.

As more times are confirmed, the website will be updated.

Cost: $30 for an annual membership.
Player of all ages and abilities are welcome.
Chess sets are provided by the club.

For more information please contact Dave Anderson.
Email: dave.sam.anderson@sympatico.ca
Telephone: (613) 836-6869

도서관 장소를 빌려 사용하는 체스클럽도 있었다. 이곳은 다양한 나이의 사람들이 함께 어울렸던 곳이다.

그 이외에도 다른 지역의 커뮤니티 센터의 수업을 찾아보며 각각 다른 일정을 짜보기도 했는데 다행히도 각 수업 사이 30분 간격의 시간 차이가 있어서 픽드랍(pick up & drop off) 시간 맞추는 데 어렵지는 않았다.

아쉬운 점은 커뮤니티 수업이 초등 저학년이 가장 많았고 중등 이후로는 운동 몇 개 이외에는 거의 없었다는 점이었다. 농구를 좋아하는 첫째 아이 나이에 맞는 수업을 찾아주기 위해 조금 거리가 먼 곳으로 가기도 했는데 여기서 만난 농구 코치님이 인연이 되어 이후 방학 캠프에서 다시 만나 많은 도움을 받을 수 있었다.

이외에도 다양한 수업이 있으니 주변 커뮤니티 센터를 잘 활용한다면 지루한 캐나다에서 좀 더 풍요로운 일상을 보낼 수가 있다.

집 근처에 있는 태권도장 시간표인데 나이에 따라 수업이 나누어져 있었다.

123

✤ ─── 도서관 이용하기

캐나다에서는 도서관 시설과 프로그램이 잘되어 있어 잘 활용한다면 많은 것을 얻을 수 있다. 나는 영어를 조금 더 빨리 익힐 수 있도록 기대하는 마음에 한국 책을 전혀 가지고 가지 않았는데 평소 책을 많이 보았던 아이들이라 심심해지니 책을 찾기 시작했다. 수시로 동네 도서관을 가고 책을 많이 빌렸는데, 처음에는 대부분 만화책이나 글이 짧은 책들을 빌려와 심심한 시간에 영어책을 들춰보며 나의 의도대로 영어책에 관심을 두었다. 캐나다 도서관은 도서 대출 권수 제한이 없어 아이들이 읽든지 안 읽든지 올 때마다 최대한 많이 빌렸었다.

내가 아이들이 책에 관심을 가지게 했던 방법은 집에 들어오자마자 가장 눈에 잘 띄는 곳에 책을 두는 것이었는데, 캐나다에서도 마찬가지로 많은 책을 빌려와 집안 곳곳에 두었다. 한국에서는 현관 바로 앞에 새로운 책을 두었는데 아이들이 들어올 때 새 책을 보면 신발을 벗자마자 가방을 멘 채로 책을 먼저 보기도 했었다. 그 경험을 토대로 캐나다 집안은 물론 차 안까지 다양한 장르의 책을 놓아두었다. 그리고 도서관에서 빌린 책이라 반납 날짜가 정해져 있는 것을 알고 아이들이 서둘러 보기도 했다.

그리고 책 이외에 가장 유용하게 이용했던 것이 각종 패스(PASS)였다. 뮤지엄 패스, 아트 패스, 국립공원 패스 등 종류가 다양했는데 박물관이나 미술관 등의 무료입장권이다. 캐나다의 박물관이나 미술관은 입장료가 만

124

만치가 않다. 가족이 모두 이용하려면 100불이 훌쩍 넘어 부담스러울 때도 있었는데 운이 좋게 패스를 대여한 주말이면 해당 박물관이나 미술관을 다녀와 비용 부담 없이 여러 곳을 다닐 수 있었다. 각종 패스의 대여 기간은 책과 다르게 일주일이라 한 가족이 대여에 성공하면 일주일 안에 여러 가족이 돌려서 이용한 후 반납하기도 했는데, 반납은 꼭 지정된 곳이 아니라 가까운 아무 도서관에 해도 괜찮은 편리한 시스템이었다.

그리고 성인을 위한 영어교실, 불어교실 등도 개설되어 있고, 아이들은 위한 레고 수업, 과학 실험 수업, 라이팅클럽(writing club) 등 다양한 수업이 있으니 여러 곳의 도서관도 부지런히 찾아다니면 아주 유용하게 활용할 수 있을 것이다. 내 친구는 도서관 사서에게 의뢰해 어른들이 수업하는 동안 아이들을 돌봐주는 프로그램을 만들기도 했다. 한 교실에 모아두고 레고를 잔뜩 풀어주는 프로그램이었는데 사서분들의 역량에 따라 다양한 수업 개설이 가능하니 사서와 친해지는 것도 좋은 방법이다.

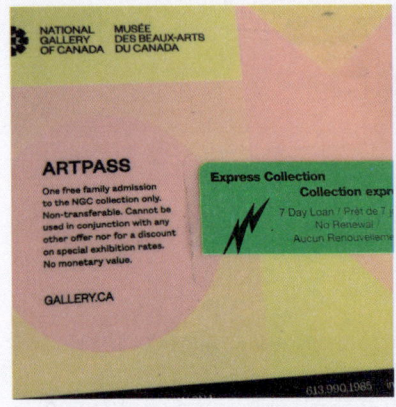

유명한 국립 미술관을 갈 수 있는 패스.

우주항공박물관, 농업박물관 컴퓨터공학 박물관 패스.

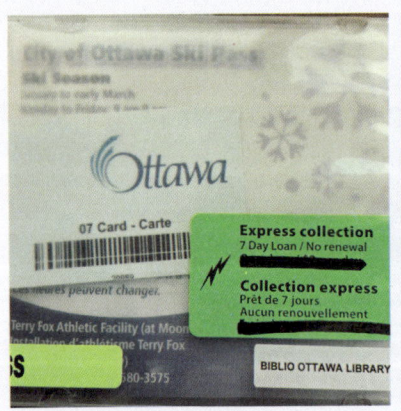

스키장 리프트를 무료로 쓸 수 있는 패스.

도서관에서 진행하는 레고 프로그램.

중고등 아이들을 위한 로보틱 프로그램.

봄방학 기간 동안 열리는 도서관 캠프.

시즌에 맞춰 간단한 이벤트가 많다. 숨은 물 건 찾기.

블록공간. 아이들을 위한 공간과 놀이감이 많 아 아이들이 아주 어릴 때부터 도서관을 자주 가게 된다.

책뿐 아니라 컴퓨터 게임도 할 수 있어서 아이들이 더 좋아한다.

닌텐도 칩 등 게임 관련 칩도 대여가 가능하다.

주제를 주고 그에 맞는 글자를 만들어 꾸미는 이벤트. 아이들의 상상력을 자극하기 딱 좋다.

너는 왜 도서관을 좋아해? 등의 질문을 만들고 재미있는 대답을 글과 그림으로 표현할 수 있다.

며칠에 걸쳐 오랫동안 완성한 퍼즐. 도서관 테이블에 어제 그대로 유지해 줘 계속 이어서 완성할 수 있다.

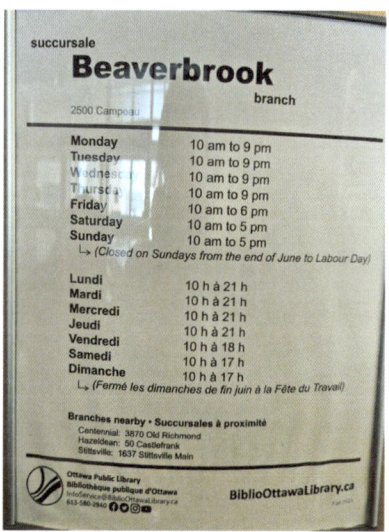

겨울이 되면 방문객들이 뜨개질을 이어서 할 수 있는데 완성된 후 불우이웃에게 전달된다. 친구에게 뜨개질은 배운 둘째가 자주 참여했다.

쉬는 날이 거의 없고 평일은 늦은 시간까지 열어 편하게 자주 방문할 수 있었다.

🍁 ─── 사설 학원, 축구 클럽

아이들은 커뮤니티 센터 이외에 사설 학원에서 운동하기도 했다. 여름이 아주 짧지만 짧은 만큼 알차게 누리는 곳이라 여름 내내 개설되는 야외 운동프로그램이 많다. 겨울에는 남녀노소 모두 아이스하키를 한다면 여름에는 모두 축구를 하는 분위기로 동네별로 유명한 축구 클럽은 등록하기가 매우 어려웠다. 가장 유명한 축구 클럽에 둘째 아이만 등록에 성공한 후 나머지 아이들은 어떻게 해야 하나 고민하고 있었는데 친한 동네 친구가 자기 아들이 다니는 축구 클럽을 소개해줬다. 월요일을 제외한 주 6일을 하는 클럽이었는데 캐나다답게 소개가 아니면 등록조차 받지 않는 곳이었다. 커뮤니티 센터에 비해 금액이 좀 비싼 편이었지만 주 6일에 월 200불이면 나쁘지 않은 금액이었다. 이 클럽에 첫째 아이와 셋째 아이가 참여했는데 남자, 여자아이 가리지 않고 모두 열심히 뛸 수 있어 너무 좋은 시간이었다.

어느 날 축구 수업 중 스콜(squall)처럼 갑자기 비가 쏟아졌는데 아이들이 축구 경기를 멈추지 않고 비를 흠뻑 맞으며 계속했다. 앞이 보이지 않을 정도의 많은 비가 내려 지켜보는 나는 걱정되었지만, 셋째는 그날의 축구가 가장 재미있었다고 아직도 이야기한다. 세찬 비를 맞으면 목청 터져라 소리를 지르고 마음껏 뛰어다니는 시간! 한국에서는 비 한 번 맞아 본 적 없던 아이들이었는데 흠뻑 젖으며 빗속에 고래고래 소리 지르던 경험이 새로운 자유로움으로 다가왔었던 것 같다. 내리는 비 한 방울 한 방울을 온몸으로 느꼈던 그날의 흥분된 아이들의 얼굴 표정을 아직도 잊을 수가 없다.

　캐나다에서 축구에 재미를 붙인 두 딸이 한국에 돌아와서도 축구를 계속하기를 원했다. 그래서 여자 축구팀을 찾아보았지만 우리 나라에서 여학생을 위한 축구팀은 찾기가 어려웠다. 그 이후 축구를 더 이상 할 수 없는 아이들은 아직도 많이 아쉬운 부분이라고 이야기한다.

유명한 축구팀답게 프로필 촬영도 했다. 너무 행복한 둘째 아이.

사설 축구 클럽은 온 가족이 운영하는 만큼 따뜻하고 정이 많았다.

아이들의 축구 경기에 동네잔치마냥 온 가족이 총출동해 관람한다.

✷ ——— 여름 방학 캠프 쉽게 찾기

여름 방학 동안 주 6일 운동 라이드를 다니며 동네 엄마들과 친해질 기회가 많았는데 그동안 알지 못했던 일상의 소소한 팁들을 많이 알려주었다. 다른 학부모를 만나는 시간이 나에게는 영어 회화 연습 시간이라 생각해 적극적으로 어울리려고 노력했는데, 그것보다 내가 하는 질문에 적극적으로 도와주려 애를 쓰는 고마운 학부모들이 많이 있었다. 특히 현지에서 내가 원하는 것들, 수업 등을 찾는 방법을 많이 알려 주었는데 개인적인 소개나 사이트를 알려주기도 했지만 구글에 -#### near me- 라고 찾는 유용한 방법을 알려주었다. 이후로 이 방법은 수시로 이용했는데 여름방학 캠프를 찾을 때 summercamp near me로 검색했더니 바로 집 앞에 있는 가까운 골프장에서도 어린이 여름 캠프를 하는 것도 알게 되었다. 이 방법을 미리 알았다니 가까운 거리에 있는 좋은 프로그램들을 많이 참여할 수 있었을 텐데 나중에야 알게 되어서 아쉬웠다.

이 외에도 각 대학교마다 하는 캠프, 교육청에서 주관하는 캠프, 커뮤니티 센터나 사설 학원에서 하는 캠프 등 다양한 종류의 캠프가 있으니 8월 방학 중간에 캐나다에 들어오더라도 캠프를 미리 등록하지 않았다고 불안해하지 않아도 된다. 오히려 한국에서 미리 알아보고 등록하는 것보다 현지에서 알아보면 비용도 훨씬 저렴하고 집에서 가까운 곳을 등록할 수 있다.

GREY WOLVES					
	MONDAY	TUESDAY	WEDNESDAY	THURSDAY	FRIDAY
8:30-8:45		Sign in & Open gym	Sign in & Open gym	Sign in & Open gym	Sign in & Open gym
8:45-9:00					
9:00-9:15					
9:15-9:30		Gym Time	Gym Time	Gym Time	Gym Time
9:30-9:45					
9:45-10:00					
10:00-10:15		Snack	Snack	Snack	Snack
10:15-10:30					
10:30-10:45					
10:45-11:00		Bowling / Gym	Turf Time	Bowling / Time	Rock Climbing /Snack / Gym Time
11:00-11:15					
11:15-11:30					
11:30-11:45					
11:45-12:00		Lunch	Lunch	Lunch	Lunch
12:00-12:15					
12:15-12:30					
12:30-12:45		Turf Time	Gym Time	Turf Time	Gym Time
12:45-1:00					
1:00-1:15					
1:15-1:30					
1:30-1:45					
1:45-2:00		Snack	Rock Climbing /Snack / Gym Time	Snack	Movie - Theater
2:00-2:15					
2:15-2:30					
2:30-2:45					
2:45-3:00					
3:00-3:15		Gym Time		Gym Time	
3:15-3:30					
3:30-3:45			Gym Time		Gym Time
3:45-4:00					
4:00-4:15		Sign Out & Open gym	Sign Out & Open gym	Sign Out & Open gym	Sign Out & Open gym
4:15-4:30					

내가 다녔던 알곤퀸컬리지의 아이들 여름 운동캠프 시간표. 대학교 시설을 이용하니 다양한 체험이 가능했다.

막내와 친해진 담당 선생님. 아이들을 정말 예뻐했다.

데스크 담당 선생님까지 친해져 대신 안내방송까지 하는 사회성 최고 둘째 아이.

나이에 따라 다르게 운영되며 대학교 체육관 시설을 모두 이용해 영화 관람, 클라이밍까지 가능했다.

🍁 ——— 겨울의 나라 겨울의 스포츠

겨울이 시작되면 시에서 많은 공원에 스케이트장, 눈썰매장을 만든다. 규모와 관리 상태가 사설 시설 못지않게 훌륭해 아이들과 스케이트, 썰매를 들고 집 앞 큰 공원에 자주 갔었다.

집 앞에 있는 공원스케이트장에는 겨울이 시작되면 온 동네 아이들이 모여 아이스하키를 한다. 걸음마 하면서부터 스케이트를 배우는 캐나다 아이들에게 아이스하키는 국민 스포츠일 수밖에 없지만 제대로 얼음판조차 밟아보지 못하고 한국에서 자란 첫째 아이에게 아이스하키는 아무리 운동을 좋아한다고는 하지만 넘기 힘든 산 중 하나였다.

135

어느 날 놀러 나간 첫째 아이가 한참을 안 들어오길래 집 앞 공원으로 나가 보았다. 아이들이 아이스하키 하는 것을 한참 동안 바라보더니 갑자기 친구에게 하키스틱을 하나 빌려 들고 골키퍼 자리로 가는 게 아닌가? 아이스하키 규칙을 제대로 알기는커녕 가장 기본적인 장비인 스케이트를 신지 않은 채로 골키퍼를 자처한 것이다. 그리고 아이들이 환호성을 지르면 뭔지도 모르고 같이 소리를 지르며 함께 손을 번쩍 드는 아이를 보고 만감이 교차하는 눈물이 났다. 나뿐 아니라 이 아이 역시 모든 것이 낯선 캐나다에 와서 정말 애쓰고 있다는 걸 직접 목격한 순간이었다.

당시에는 직접 나서서 도와줄 수 없는 마음에 안타깝고 아린 기억이었지만 그 과정을 멀리서 지켜본 이후 이 아이는 어디서든 스스로 잘 해낼 수 있을 것이라는 굳은 믿음이 생겼다.

조금의 여력이 있었다면 아이스하키를 제대로 가르쳐 새로운 경험을 해 주고 싶었지만 아이 한 명에게만 온 시간을 내 줄 수 없는 다둥이 엄마였기에 항상 그랬듯이 다른 대안으로 만족해야 했다. 아이스하키뿐 아니라 스케이트, 스키 등 겨울 스포츠를 우리나라에서보다 손쉽게 배울 수 있는 좋은 기회였는데 어쩔 수 없이 하지 못한 것이 캐나다에서의 경험 중 가장 아쉬운 부분이다.

아이스하키 경기에 한창인 동네 아이들, 그
안에 골키퍼로 있는 첫째 아이.

집 앞 공원. 이곳은 겨울 동안 스케이트장으   겨울이 되자 바뀐 스케이트장 관리가 잘되어
로 바뀐다.   있어 언제든 이용할 수 있다.

137

⟨Home depot⟩에서 한 달에 한 번씩 있는 수업
(kids workshop program)

이곳 말고도 아이들을 위한 이벤트는 많이 있다. 대부분 무료로 운영되고 있으니 예약하고 참석하면 즐거운 시간을 보낼 수 있다.

매달 새롭고 아이들이 좋아할 만한 작업품이 있다.

학용품 쇼핑은
한국에서나 가능한 일

한국의 학용품의 질과 아기자기함은 어디서나 인기였다. 그래서 남편이 오갈 때 미리 주문해 두었던 예쁜 포장의 랜덤 지우개, 다양한 모양의 펜, 메모지 등을 한아름 가지고 와 아이 친구들 선물로 유용하게 썼다. 언제나 친구들에게 가장 인기가 많은 품목이니 짐의 여유가 있다면 한국 학용품을 많이 가지고 오는 것을 적극 추천한다.

처음 캐나다에 갔을 때 연필깎이가 없어서 오랫동안 애를 먹었다. 스테이플스(staples)라는 문구용품만 전문적으로 파는 곳이 있었는데 그걸 몰라 각종 마트 문구 코너를 다 돌았지만 찾지 못하고 결국 친구에게 부탁해 아마존으로 구매했었다. 나중에 찾을 수 있었지만 한국에 비해 너무 비싼 가격에 쉽게 사고 싶지 않았을 것 같다. 캐나다에서는 연필깎이뿐 아니라 모든 학용품이 다 비슷한 느낌이다. 과연 이 물건이 이 가격만큼의 가치를 할 수 있는 소비인지 한참 망설이다 결국 다른 대안이 없어 어쩔 수 없이 사게 되는 그런 느낌 말이다.

노트는 학교에서 대부분 나누어 주기에 한국에서 가지고 갈 필요가 없고 색연필이나 펜, 크레파스 등은 많이 있지만 품질이 그다지 좋지 않아 한국에서 가지고 가면 좋다. 색감이 예쁘고 색의 종류가 많은 한국 색연필을 사용한다면 학교에서 수업 시간마다 친구들이 빌려달라고 하는 통에 정작 주인인 아이는 사용하지 못할 정도로 인기가 많을 것이다.

그뿐 아니라 필통, 샤프, 볼펜 등 한국에서 가지고 온 모든 물건에 관심을 두는 친구들이 정말 많았다. 학용품뿐 아니라 여자친구들이 좋아하는 머리핀이나 작은 키링, 가방에 다는 인형 등과 같은 것들을 준비해 가 선물하면 친구들과 쉽게 친해질 수 있을 것이다.

한국에 다양한 디자인과 적당한 가격의 좋은 물건이 얼마나 많은지 캐나다에 지내는 동안 여러 번 느끼게 된다. 예를 들어 병따개 하나를 마트에서 샀는데 다른 집을 가 보면 같은 디자인의 병따개를 심심치 않게 볼 수 있다. 다양한 제품이 없으니 가격과 품질이 적당한 같은 물건을 사는 일이 많기 때문이다. 그리고 캐나다는 특별히 유명한 것들이 많이 없는데 특산품이라고 하는 것들도 한국에서도 쉽게 구할 수가 있어서 캐나다에 사는 기간이 길어질수록 쇼핑에 관심이 점점 없어지기도 했다. 더 나아가 그 이후 캐나다 이외의 다른 나라를 여행할 때 짐가방 가득 차도록 기념품 사는 것에도 더 이상 많은 의미를 두지 않게 되었다.

생일 파티가 가장 큰 이벤트,
무조건 참석!

　어느 나라든 아이들은 마찬가지겠지만 캐나다 아이들은 생일 파티를 1
년 내내 기다릴 정도로 진심이다. 다만 우리나라처럼 아이들을 위한 키즈
카페같은 시설이 많지 않아 파티하는 장소가 몇 군데로 한정되어 있다. 그
래서 오히려 집에서 하는 경우도 많이 있다. 특히 여름 생일인 아이들은
집에 있는 수영장에서 생일 파티를 많이 한다.

　아이들이 친구들 생일 파티에 여러 번 초대를 받아 갔었는데 초대장을
받아 오면 거기에 적힌 부모님의 연락처로 참여 의사를 미리 밝히는 것이
예의이다. 그리고 선물이 고민된다면 아이가 좋아하는 것들, 지금 가지고
싶어 하는 것을 물어보는 것이 실례가 되지 않으니 주저하지 말고 물어보
도록 하자. 남자아이들은 대부분 레고나 포켓몬 등 특정 캐릭터가 많았고,
여자아이들은 아트 크래프트나 lol 등 다양한 답을 받을 수 있었다. 그리고
선물을 살 때 선물용 영수증(gift receipt)을 달라고 하면 교환할 수 있는 영
수증을 따로 붙여준다. 대략 50불 내외로 준비했지만 아주 친한 친구라면
값에 상관없이 선물을 준비해도 괜찮다. 그리고 부모님이 같이 참가하지
않으면 파티가 끝나는 시간이 초대장이 적혀 있으니 적혀 있는 시간에 데
려다주고 데려오면 된다.

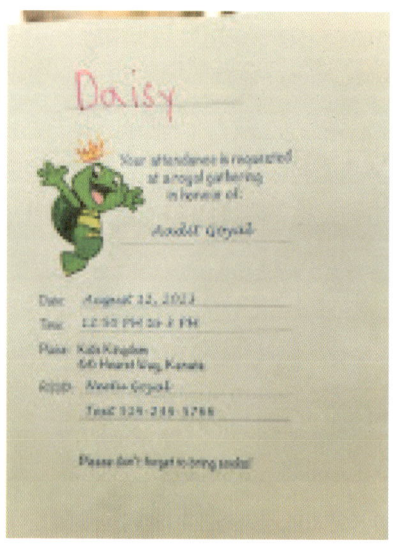

집에서 하는 생일파티 초대장. 시간, 장소 등 내용이 자세하게 적혀 있다.

키즈클럽에서 하는 파티 초대장.

생일 파티지만 피자, 음료 스낵 케이크 정도로 간단하게 준비한다.

트램폴린장의 생일 파티. 참석하면 구디백을 선물로 받아오기도 한다.

144

여름이면 집에 있는 수영장 생일 파티도 자주 있다.

언니 생일 파티에 초대된 동생들.

집에서 하는 생일 파티는 집 주변에 생일임을 알리는 장식을 많이 해 놓는다.

게임장에서 한 생일파티. 2층 분리된 공간에서 파티를 하고 게임장에서 시간을 보낸다.

6월 여름이 막 시작될 무렵 첫째 아이의 생일이 있었다. 둘째, 셋째는 친구들 생일 파티 초대를 여러 번 다녀와 대충 친구들 파악했는데, 생일 파티를 하지 않는 나이 때의 첫째 아이의 친구들을 영 파악할 수 없었다. 아이의 친구들이 궁금한 마음이 들어 첫째 아이의 생일 파티를 마음먹고 바로 준비했다.

집 근처 공원은 여름이 되면 수영장처럼 물놀이장이 만들어져 있으니 놀기 너무 좋았다. 생일 파티 장소를 그곳으로 하고 2~3일 전 급하게 친구, 이웃들에게 생일 파티 초대 연락을 했다. 갑자기 기획된 파티이니 선물은 준비하지 말고 와서 재미있게 놀다 갔으면 한다고 문자로 연락을 돌렸는데 다행히 많은 친구들이 와 주었다.

난 물총을 많이 사 놓고 피자, 스낵 등 간식도 넉넉히 준비했다. 첫째 아이가 집이 가까운 친구들에게 미리 이야기해 놓고 나는 이웃들에게도 저녁 먹으러 놀러 오라고 했더니 꽤 많은 인원이 모여 생일 파티보다 더 즐거운 동네 파티가 되었다. 생일 축하 노래를 위해 바이올린 연주를 해 준 이웃도 있었고, 더운 날씨라고 일부러 아이스박스에 아이스크림을 잔뜩 준비해 준 이웃도 있었다. 그리고 생일인 줄 몰랐다며 그날 저녁 조용히 집 앞에 선물을 놓고 간 친구도 있어 외롭지 않은 고마운 시간을 보낼 수 있었다. 그날 이후로 첫째 아이는 어색했던 동네 친구들과 더욱 친해져 수시로 만나 축구를 했고 친구 집에도 자주 놀러 갈 수 있었으니 생일 파티가 목적을 이루고 나름 성공한 셈이었다.

첫째 아이의 동네 학교 친구들.

미리 준비한 물총놀이가 파티를 더욱 즐겁게 해주었다.

친구는 물론 이웃들과 함께할 수 있었던 행복한 생일 파티.

더운 날씨에 녹아버린 그마저도 즐거웠던 생   귀한 생일 축하 송을 선물로 받은 첫째 아이.
일 케이크.

149

캐나다에 온 지 얼마 되지 않았을 때 첫째 아이는 한국에서처럼 친구들에게 먼저 다가갔었지만 은근 따돌리며 마음을 힘들게 했던 친구들도 없지 않았다. 하지만 시간이 지나고 함께한 이벤트들이 많아지니 한국에서도 해 보지 못한 집 앞에서 띵동 벨 누르며 불러낼 수 있는 친구 관계가 된 것이다.

아이들의 친구 관계는 부모가 많이 관여하는 것이 좋지 않다는 것은 누구나 다 알고 있는 사실이다. 그렇다고 눈앞에 안 좋은 점들이 보이는데 나 몰라라 내버려두기는 부모로서 정말 어려운 일이다. 아이들은 어른과 달리 많은 면에서 미숙하고 또 그로 인한 실수도 많기 마련이다. 그럴 때 옆에서 넌지시 이끌어준다면 금방 알아채고 수월하게 적응할 수 있는 것 또한 아이들의 능력이기에 부모가 적당히 개입해서 적당히 이끌어주는 것도 때로는 필요한 것 같다. 그 '적당히!'라는 선이 참 어려워 아이들에게 자주 물어보고 행동하며 선을 지키려 노력한다. 내가 스스로 필요하다고 판단하여 준비하고 행동했는데 아이들의 또래 사회에서 그것들로 인해 어려움 겪는 일도 있으니 매 순간 내 마음대로 할 수가 없다. 나와 다른 세대를 사는 아이들이기에 어른이기는 하지만 내 생각과 판단만을 믿지 말고 더욱더 아이들의 의견을 많이 물어보고 생각을 나누며 행동해야 한다고 생각한다.

이런 과정을 여러 번 거치더라도 아이가 이해되지 않을 때면 나는 아이 나이 때의 나를 생각해 본다. 그 나이의 나는 어른들과 어떤 문제를 가지고 이야기를 나눴는지, 그때 말하지 못했던 생각은 무엇이 있었는지……. 그럼 아이가 왜 그렇게 말하고 생각하는지 100% 알 수는 없더라도 어느 정도는 숨어 있는 의미를 알아챌 수는 있다. 이렇게 노력하고 있지만 나의 아이들은 여전히 엄마는 옛날 사람이고 우리 세대의 문화를 잘 모른다고 이야기할 때가 많이 있다. 그렇다면 어쩔 수 없는 것이다. 내 아이라고 하지만 모든 것을 다 알고 이해할 수는 없지 않은가?

마치 내가 어릴 적 우리 부모님에게 듣던 요즘 아이들이란 말을 그대로 답습하고 있는 것을 보면 세대를 넘어서 해결할 수 없는 어쩔 수 없는 일임을 인정하는 게 빠른 듯하다.

동동거리며 무작정 아이스하키에 참가하는 첫째 아이의 모습을 멀리서 그저 지켜봐야 하는 소극적인 부모의 마음과 온 동네 친구들 불러 생일 파티를 하며 친구들과 친해지도록 도와주는 적극적인 부모의 마음. 두 가지의 마음 중 그때그때 잘 판단하고 적당히 행동해야 하는 것. 이것이 가장 어려운 부모의 역할인 것 같다.

도시락은 친구들의 마음을
열 수 있는 좋은 기회

학교 점심 급식이 익숙한 한국 엄마들에게 외국 생활을 생각할 때 가장 큰 걱정은 바로 매일 도시락 싸기이다. 점심 이외에 간식시간이 2번이나 더 있으니 꽤 많은 양과 종류를 준비해야 한다고 생각하고 부담을 갖는다. 그러나 한국 엄마의 관점에서 현지 아이들의 도시락을 보면 과연 이게 아이 도시락인가? 의심할 만큼 부실할 정도이니 전혀 부담 가질 필요가 없다. 식빵에 잼만 발라 들고 오거나 사과 한 알, 바나나 하나 여기에 스낵, 젤리 한 웅큼 정도, 이 정도가 현지 아이들의 가장 평범한 도시락이다. 게다가 아이들뿐 아니라 어른들도 도시락을 많이 싸는 환경상 도시락으로 손쉽게 이용할 만한 냉동식품, 간편식이 잘되어 있어 냉동식품을 그대로 들고 오는 아이들도 많이 있다.

아침 등굣길에 맥드라이브, 서브웨이에 들러 사 가지고 오는 아이들도 있으니 한국의 화려하고 정성 담긴 도시락과 비교하며 부담 갖지 않아도 된다.

그러나 나는 초반부터 아이들 도시락을 꽤 열심히 준비해주었다.

그 당시 한류의 열풍으로 반 친구들이 한국에 대한 관심이 많았다. 그 와중에 우리 아이들은 곧바로 한국에서 온 아이들이었으니 얼마나 궁금한 게

152

많았을까? 한참 유튜브에서 유명한 김밥, 불고기, 김치 등 한국 음식에 관심이 많아 한국인의 도시락은 반 친구들에게 큰 관심의 대상이었다. 음식뿐 아니라 한국에서 사 온 흔한 예쁜 도시락 픽 하나만 꽂아주어도 반 모든 아이들이 예쁘다고 감탄하니 그때마다 내 아이의 어깨는 계속 올라갔다. 그리고 현지 아이들에게 생소한 김밥 한 줄을 싸줘도 '너희 엄마는 직업이 요리사니?'라는 말을 들을 만큼 많은 찬사를 보내고 집중을 받았다. 그래서 아이는 나에게 내일 도시락은 무얼 싸 줄 건지 자주 물어봤고 요청하는 메뉴도 종종 있었다. 반 친구들이 점심시간이 되면 아이의 도시락통이 열리기를 지켜보며 기대에 찬 눈빛을 보낸다고 하는데 어떻게 대충 싼 도시락을 보낼 수가 있었겠는가? 알러지 문제로 음식을 나눠 먹는 것에 대해 매우 엄격한 분위기였지만 우리 아이에게 '선생님 몰래 하나만 줄래?', '내 꺼랑 바꿔 먹자.'라며 호기심과 친근감을 표시하는 반 아이들도 많았다.

아이에 대한 이러한 관심들이 초기 학교생활을 잘 적응하게 하는 방법 중 하나라고 생각한다. 순수하고 솔직한 아이들이라 먹는 것에 대한 관심과 표현은 당연한 것이기 때문이다.

한국 음식을 좋아하긴 하지만 낯선 냄새에는 예민했기에 모든 도시락 음식에 김치, 참기름 등을 최소한으로 썼고 쉽게 나눠 먹을 수 있도록 핑거푸드를 많이 싸주었다. 가장 인기 많았던 메뉴는 김밥과 튀긴 만두였다. 그리고 항상 친구들과 나눠 먹을 것을 생각해서 넉넉히 싸주었는데 사교적인 둘째는 언제나 다 비워오는 반면 친구들과 노는 것에 관심이 더 많은 막내는 반 정도만 먹고 오는 날이 더 많았다.

한국에서 많이 쓰는 2단으로 된 도시락통을 미리 사 갔었는데 아이 말로는 짧은 점심시간에 도시락통 2개를 열고 닫고 할 여유가 없다며 현지 아이들처럼 한 번에 열어 볼 수 있는 도시락통으로 바꿔주기를 원했다. 근처 마트에서 쉽게 살 수 있어 바로 교체해 주었더니 아주 흡족해하며 매일 내용물을 다 비우고 왔다.

먹기 편할 거라는 생각에 사과 등 다른 과일들도 작게 잘라서 넣어주곤 했는데 아무도 그렇게 가지고 오지 않는다고 과일들을 통째로 싸주길 원했다. 또 어떤 아이들은 스스로 도시락을 준비해 온다고 하는데 아이들이 좋아하는 것들만 잔뜩 싸 오기도 한다고 했다.

Taeeun Kong (Stittsville Public School)

Subway lunches are back!
6" Sandwiches are served on whole wheat bread.
Gluten free options available.

Place your order for today!
Sandwiches will be delivered to your child's classroom on the following 7 dates:
November 16, 2022
November 30, 2022
December 14, 2022
January 11, 2023
January 25, 2023
February 8, 2023
February 22, 2023

Please note:
Unfortunately no subsitutions can be made to the offerings or the dates.
Order commitment is for the full cycle.
Please place a separate order per child, don't combine orders.

Questions? Please email: stittsvilleps.food@gmail.com

미리 주문해 놓으면 해당 날짜에 교실로 배달된다. 이날은 도시락을 싸지 않아도 되는데 한국 아이들에게 샌드위치는 밥이 아니라 간식일 뿐이라 도시락은 항상 준비했다.

학교에서 이벤트처럼 2주에 한 번 정도 피자데이, 샌드위치데이가 있다. 몇 주 전에 미리 공지되는데 그때 메뉴를 주문하고 결제해 놓으면 당일 교실로 배달이 된다. 아이 말로는 그렇게 맛있지는 않았다고 하지만 아이들에게는 이벤트성으로 즐거움을 주기에는 충분했다.

종종 팝콘데이도 있었는데 좋아하지 않더라도 어떻게 하는 것인지 경험해보게 하려는 목적으로 학교에서 하는 이벤트는 대부분 신청했었다.

동생들과 다르게 하이스쿨에 다니는 첫째 아이는 학교에 사 먹을 수 있는 곳이 있었다. 피자나 샌드위치 정도로 간단한 메뉴였지만 가끔 사 먹기에 나쁘지 않았다. 그리고 교실이 아니라 카페테리아에 모여 먹기 때문에 전자렌지도 이용할 수 있어 냉동식품을 그대로 싸 오기도 했다. 첫째 아이 학교는 커뮤니티 센터와 가깝게 있었는데 더 큰 아이들은 메뉴가 조금 더 다양한 센터까지 나가서 사 먹고 오기도 했는지만 첫째 아이는 그에 비해 아직 어려서인지 그 정도의 도전은 시도하지 못했다.

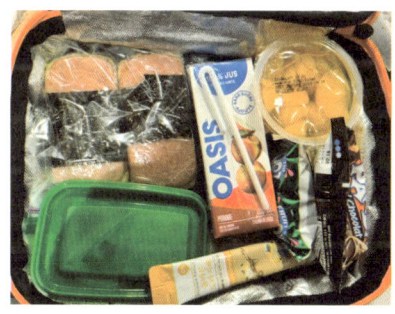 

첫째 아이는 활동량이 많아 금방 배가 고프며 든든한 메뉴를 원했다.

사과는 통째로, 스낵은 현지 아이들이 가장 많이 먹는 것으로, 젓가락이나 포크를 쓰지 않고 먹을 수 있는 메뉴가 편하다고 했다.

하이스쿨은 학년별로 카페테리아를 이용할
수 있는 점심시간이 다르다. 등교 시간이 빠
르니 아침 메뉴도 있다.

학교 근처에 있는 커뮤니티 센터의 카페테리아 메뉴와 금액.

점심과 간식을 많이 먹는데도 불구하고 집에 오면 항상 배가 고파 난리
였다. 그래서 하교 후에는 간식이 아닌 식사처럼 한 끼를 먹었는데 그만큼

활동량이 많아서인 듯했다.

캐나다 친구에게 "애들이 학교에서 점심을 먹고 와도 집에 와서 배고파서 난리야."라고 말했더니 당연하다며 학교에서는 친구들과 노는 데 집중하니 먹는 건 거의 신경 안 쓴다고 했다. 그래서 현지 부모님들은 도시락에 그렇게 의미를 두지 않는다고 알려 주었다. 밥이 가장 중요한 한국 사람이라 완전히 받아드리기는 어려웠지만 식사는 집에 와서 잘 먹으면 괜찮다고 생각하는 현지 부모님들의 편한 도시락이 그제서야 이해가 되었다.

외국 생활에서 제일 힘든 점이 도시락 싸기였다고 말하는 엄마들이 정말 많다. 하지만 반대로 생각하면 급식 문화가 잘되어 있고 외식이 수월한 우리나라에서 아이들이 엄마의 도시락을 먹을 수 있는 기회가 얼마나 되겠는가?

아이 인생의 긴 시간 동안 엄마의 도시락에 대한 기억이 몇 번 없다고 생각하니 오히려 좋은 기억을 남길 수 있는 좋은 기회를 얻은 것 같아 기쁜 마음으로 준비해줄 수 있었다.

매일 도시락 편지를 써주고 싶은 마음도 있었지만 바쁜 아침 시간에 매번 편지를 쓰지 못하고 종종 써서 넣었는데 아이들이 어른이 되고 난 후 캐나다를 추억했을 때 그 편지가 기분 좋은 사진 한 장처럼 남아 있었으면 좋겠다.

끝이 보이지 않을 만큼 많은 종류의 냉동 식품 코너.

냉동 피자도 종류가 다양해 항상 다른 종류의 피자를 도전해보았다.

스파게티도 면 종류, 소스 종류별로 다양해 취향껏 고를 수 있다.

와플, 팬케이크는 물론 많은 완성된 요리들이 냉동으로 있다. 마음만 먹으면 요리하지 않고 냉동식품으로만 살아도 될 정도이다.

크래커, 치즈, 햄 등 여러 가지 조합으로 만들어진 런치메이트. 이름에서 알 수 있듯이 현지 아이들의 점심 도시락이 되기도 한다.

냉동식품과 튀긴 만두. 당근 오이 등 채소는 매일 빼놓지 않고 보내도록 학교에서 권한다.

밥을 먹고 싶다는 아이의 주문 메뉴. 현지인에게 김도 낯설지 않고 맛있다는 이미지가 있다.

친구들이 면을 싸 온다며 자기도 비슷한 메뉴를 주문했다. 코스트코에서 만난 한국식품회사 브랜드의 볶음면.

현장 학습 날, 한국이라면 캐릭터 도시락을 준비해야 하는 날이라고 아이가 특별히 주문한 도시락.

CHAPTER 3

딱 1년만!
즐거운
캐나다의
리얼 라이프

PART 1

다양성에 대한 존중을 배우는 캐나다 문화

라마단 기간에
저도 금식할래요

한국에서는 종교 역시 흑백으로 나누는 경우가 많다. 나와 같지 않으면 무조건 배척하고 비판하는 문화가 있는데 캐나다는 사회, 종교는 물론 아이들이 생활하는 학교에서조차 그런 분위기를 전혀 느낄 수가 없었다.

무슬림이 많은 학교에서는 라마단 기간 동안 금식하는 아이들을 위해 점심시간에 그 아이들을 도서관에 따로 모여 있게 해 준다거나 금식으로 인해 힘들어 등교가 어려운 상황을 비판 없이 받아들여 주는 문화가 자연스러웠다. 아직 새로운 정보들을 판단하기 어려웠던 막내는 라마단의 의미를 학교에서 배우고 난 이후 금식을 학교의 행사라고 받아드렸는지 본인도 금식하겠다는 어이없는 결정을 해 한참을 다시 설명해주기도 했다.

크리스천인 우리 가족은 기독교 이외의 다른 종교에 관심을 가져본 적이 없었다. 배 속에서부터 교회에 다닌 아이들은 특히나 더 그랬다. 하지만 캐나다에서는 처음 접하는 종교가 많았는데 그중에서 무슬림을 접하게 된 것도 아이들에게 좋은 경험이었다고 생각한다.

캐나다뿐 아니라 전 세계적으로 많은 수의 무슬림이 있다. 그들을 옳다 그르다의 흑백 논리로 접근하지 않고 그 종교가 어떤 특징을 가지고 있는지 그 종교의 기본적인 예절은 무엇인지를 배울 수 있는 것 자체가 한국의

165

단일문화를 중요시하는 분위기에서 알 수 없는 정말 중요한 부분이라고 생각된다.

　무슬림의 중요한 행사인 라마단 기간이 무엇인지를 알고, 그 기간 동안은 어떤 행동을 해야 하고, 그 기간이 무슨 의미가 있는지 아는 아이와 라마단이라는 단어조차 모르는 아이가 어른이 되었을 때를 떠올려보자. 비즈니스를 하거나 학교, 사회생활을 하며 만난 무슬림 사람들과의 대화를 나눈다면 둘 중 누구에게 긍정적인 이미지를 가질 수 있을까?

　무슬림을 경험하고 알았다고 기본 가치관인 종교가 갑자기 바뀌는 확률이 많지 않기에 새로 알아가는 것에 대해 배척하지 않고 같이 대화하며 나 역시도 배워갔다.

　그래서 여러 종교를 가진 이웃과의 대화도 풍부해졌고 내가 만든 음식을 나누어 줄 때 음식을 가려 먹는 그들에게 큰 실수를 하지 않을 수 있었다.

　무슬림을 종교의 관점에서 옳고 그르다를 평가하는 것이 아니라 한국에서는 전혀 접해보지 못한 문화를 어떻게 받아들이는지의 과정을 보면서 느끼는 바가 많아 무슬림을 예로 들었던 것이니 다른 오해가 없기를 바란다.

내 친구 아빠는 파키스탄,
모로코에서 태어났어요

캐나다는 민족이라는 단어의 뜻이 무색할 만큼 같은 나라 사람끼리 결혼한 경우를 찾아보기가 힘들다. 내 이웃들 중 파키스탄 남편과 캐나다 아내가 있었는데 그 아내의 어머님은 중국인, 아버님은 나라 이름이 기억나지 않은 낯선 나라였다. 이 친구가 자기 가족을 소개하는데 세계지도를 펼치고 하나씩 설명해 줄 만큼 몇 나라가 만나 이룬 가족인지 셀 수 없었다. 그리고 아프리카 남편과 중국 아내도 있었고 콜롬비아 남편 캐나다 아내, 모로코 남편 프랑스 아내도 있었다. 유독 인도, 중동, 아시아 지역 친구들은 같은 나라 사람끼리 결혼한 것도 특징이었다.

그리고 이혼에 대해, 이복형제들에 대해 이야기하는 것도 전혀 이상하게 생각하지 않았다. 우리나라는 이혼에 대한 강한 거부감으로 마치 아이들까지도 죄지은 사람처럼 상처를 주는데 캐나다에서 '넌 형제자매가 몇 명이야?'라는 질문에 스텝브라더(step-brother), 스텝시스터(step-sister)를 이야기하며 복잡한 형제 관계를 위에 말한 각각 국적의 가족만큼 장황히 설명하는 경우가 많다.

인종이 다른 새엄마 새아빠를 만나면 형제이지만 다른 피부색을 가질

수 있는 것에 대해 누구도 이상하게 생각하거나 의문을 갖지 않고 자연스

럽게 이야기한다.

　이러한 경험 역시 인종 문화 종교의 다름을 경험했을 뿐 아니라 한국에

서는 경험해보지 못한 또 다른 다양한 가족 문화에 대해 배운 좋은 경험이

되었다.

3
동성애 교육은
어떻게 하고 있을까?

　요즘 동성애는 전 세계적으로 화두가 되는 것 중 하나이다. 캐나다는 동

성애에 대해서도 다양함을 인정하는 것과 같은 방식으로 자유로운 시선을

가지고 있었지만, 난 옛날 세대가 되어버려 동성애를 받아들이기 쉽지 않

았다. 하지만 캐나다 젊은 사람들 사이에는 본인의 성별을 스스로 결정하

는 것이 앞서 나가는 사고방식이라고 생각하는 분위기가 있었다. 그래서

아직 판단이 미숙한 어린아이들이 아무 고민 없이 따라 하려는 분위기가

일부 형성되어 있기도 했다. 내가 캐나다 교육 중 가장 우려했던 부분이

이것이었는데 다행히 학교 교육에서는 어느 정도 피할 수가 있었다. 카톨

릭 교육청 소속 학교에서는 이 문제에 대해 정식과목으로 다루지 않아 종

교가 다름에도 불구하고 카톨릭 학교를 보내는 부모들도 많이 있었다. 그리고 퍼블릭 소속 학교에서는 헬스 시간에 성(性)교육을 할 때 동성에 관한 이야기도 포함되어 있는데 원하지 않으면 수업을 듣지 않게 해주겠다는 동의서를 받아 진행했다. 하지만 길에서 쉽게 동성 연인을 볼 수 있고 아이들의 친구 부모 중 동성 부부도 있으니 학교에서만 주의를 기울인다고 완전히 막아낼 수는 없는 분위기임은 확실했다.

평소 옳고 그름에 관한 사고가 확고한 아이라면 이 부분도 부모의 적극적인 개입 없이 해결될 부분이라고 생각된다. 아이가 어떤 생각을 가지게 되었는지 궁금해 이야기를 나눈 적이 있었는데 아이는 마치 다른 피부색의 사람을 보는 것처럼 생각하고 있었다. 이것 역시 무조건 옳고 그름으로 판단하는 게 아니라 나와 태생부터 다른 사람이라고 그대로 받아들이는 느낌이었다. 마치 내가 보라색을 좋아하는데 어떤 사람이 보라색을 좋아한다고 무작정 그 사람이 좋아지는 것도 아니고 싫어한다는 그 이유만으로 배척하지 않는 것처럼 말이다.

169

매달 넘치는 축제!
아는 만큼 즐길 수 있다

여러 나라마다 특별하게 여기는 명절도 제각각이니 캐나다에 와서 처음 보고 듣는 재미있는 행사가 많이 있었다. 무엇보다 대형 마트나 쇼핑몰에서는 각 나라의 모든 명절들을 활용해 마케팅하니 캐나다는 1년 내내 축제 분위기였다.

어느 날 마트에 같이 간 첫째 아이가 이런 말을 했었다.

"엄마 캐나다 사람들은 모든 이벤트에 너무 진심이야. 할로윈(halloween)이 왁자지껄하게 끝나면 바로 크리스마스 준비에 들어가서 2달 내내 크리스마스야. 그리고 크리스마스가 끝나면 바로 뉴이어(new year) 준비야, 그런데 동양 명절인 루나뉴이얼(luna new year), 끝나면 바로 발렌타인(valentine). 대단한 것 같아. 왜 모두가 진심일까? 다들 너무 지루하니 뭐라도 하고 싶은 건가?"

발렌타인 시즌이 되면 온 동네, 마트가 핑크색이다.

부활절에는 달걀뿐 아니라 토끼가 상징적이라는 것을 처음 알았다.

171

3월 17일. 성 패트릭데이(St. Patrick's Day) 아일랜드 수호성인
패트릭을 기념하는 날이다.

할로윈데이를 일 년 내내 기다리는 아이들을
위해 의상과 용품이 다양하다.

아이들 역시 캐나다 생활을 통해 다양한 나라의 문화를 배웠다. 우리나라에서는 당연한 문화가 외국에서는 무례한 문화가 될 수 있고 그 반대의 상황이 될 수 있다는 것을 다양한 인종이 모여 있는 학교에서 배우게 된 것이다. 예를 들어 우리나라에서 머리를 쓰다듬는 것은 칭찬의 표현이지만 외국 특히 중동지역에서는 머리를 쓰다듬는 것이 아주 무례한 행동일 수 있다. 그리고 한국에서 음식을 나눠 먹는 것은 타인에 대한 배려라고 배웠지만, 여러 다른 나라에서는 알러지를 가진 사람이 많아 내가 가진 음식을 나눠주는 것이 엄격히 제한되고 조심해야 하는 일이다.

아이들이 이렇게 다양한 문화를 경험하지 못하고 다름에 대해 한 번쯤 생각해 보지 못했다면 앞으로의 긴 인생에서 만날 수 있는 낯설고 어렵고 당황스러운 상황들을 어떻게 대처했을까? 그 순간들이 오면 어떤 생각의 방향을 가지고 해결해 나갔을까?

전혀 다른 문화의 나라 유학을 통해 아이들의 생각과 시야가 넓어지고 다름을 인정하고 받아들이는 가치관을 가질 수 있게 된 것 같았다. 앞으로 아이들이 살아야 할 삶에 융통성을 가지고 편안하게 살 수 있도록 도와준 것 같은 생각이 들었다. 셀 수 없는 다양한 인종과 문화가 서로 존중하면서 융합되어 행복하게 사는 캐나다는 그런 점을 배우기에는 최적의 나라인 것이다.

말을 물가로 데리고 갈 수는 있지만 물을 억지로 먹일 수는 없다. 이 속담은 아이를 키우는 동안 많이 듣는 말이다. 하지만 물가에 데리고 간 말도 다양한 종류의 물, 맛있는 혹은 썩은 물을 먹어보고 경험해봐야 새로운 물을 먹는 것에 대한 용기를 가질 수 있게 되는 것이다. 그리고 건강하고 맛있는, 나에게 잘 맞는 물을 알아내는 능력도 길러질 수 있다. 더불어 나에게 잘 맞는 더 맛있는 물을 찾기 위해 적극적으로 다른 물가를 찾아다니는 말이 될 수 있을 것이다. 나는 아이들을 키울 때 이러한 마음을 항상 가지고 있었다. 그래서 되도록 좋은 것들을 많이 경험하게 해주고 싶었고 또 어느 정도 불편한 것도 경험하게 해주려 노력했다.

이 모든 경험이 쌓여 한 사람의 가치관이 만들어지는 것인데 너무 좋기만 한 것도 너무 나쁘기만 한 것도 아닌 나에게 잘 맞는 것들을 찾아가는 방법을 깨우쳐주고 싶었다.

안 된다고 바로 포기하지 말고 한 번 더 두드려보고 도전하면서 모르는 것을 물어볼 수 있는 용기를 배우고 가끔은 부당한 대우도 당하면서 이겨내는 그 많은 과정들, 매 순간이 모두 헛되지 않고 귀하다. 어른인 나도 쉽지 않은 그 과정들을 어른이 되어가는 과정 중에 하나씩 연습하고 스스로 생각하고 행동하는 이 아이들은 진정 마음도 건강한 어른이 되기 위한 교육이 아닌가 생각된다.

"엄마, 1년 동안 있었던 그 많은 축제나 행사들이 뭔지 몰라서 참가하지 못하고 지켜보고만 있었던 것이 너무 아쉬웠어. 이제야 많은 축제, 학교 행사들을 어떻게 준비하고 즐겨야 할지 알게 되었는데 그것들을 온전히 누리지 못하고 돌아가니 그 부분이 너무 아쉬워. 다음에 또 올 수 있겠지?"

사실 어른인 나도 그 부분은 정말 아쉬웠다. 언제든 또 와서 즐기자!

테리폭스(Terry Fox)를 기념하는 마라톤.

학교 인원이 많아 외부 행사 참가 인원도 항 첫째 아이가 참가했던 크리스마스 합창단.
상 많았다.

카톨릭학교는 크리스마스에 가족을 초대해 크게 행사를 했다.

퍼블릭학교는 할로윈을 가족 초청 행사로 진행했다.

학부모뿐 아니라 선생님들도 모두 할로윈 의상으로 참여하는 신나는 파티.

크리스마스를 앞두고 동네마다 각각 퍼레이드를 한다. 신문에 일정이 나오면 그 일정에 맞춰 구경 다니는 것도 큰 이벤트이다.

우리나라에서는 잘 볼 수 없는 그린치 산타.   첫째 아이 담임 선생님이 산타로 변신해 선물을 나눠주었다.

할로윈에는 언제나 공주님 의상을 입는 셋째 아이와 친하게 지내던 중국 친구 Kevin.

진짜
캐나다에서는
어떻게 살까?

지병이 있다면
약은 무조건 넉넉히

🍁 ──── 취약한 병원 시스템

캐나다, 미국이 많은 면에서 선진국이라고 하지만 한국과 비교했을 때 가장 취약한 부분이 바로 의료이다. 의료에 관해서는 세계 최고 수준의 시스템을 자랑하는 한국에 살다 보니 해외 이민이나 유학을 고려할 때 가장 걱정하는 것이 바로 이 부분이다. 잔기침만 나도 당장 집 앞 병원에 가 만 원도 안 되는 적은 돈을 지불하고 의사를 만나 진료를 볼 수 있는 것이 당연하지 않다는 것을 캐나다에서 새삼스럽게 느꼈다. 다행히 아이들이나 나나 크게 아픈 적이 없어 병원 갈 일은 없었지만 만약 다시 간다고 하더라도 이 부분은 여전히 걱정이 될 것 같다.

신기한 것은 우리 아이들뿐만 아니라 한국에서 감기를 달고 살던 아이들도 캐나다의 추운 날씨를 지내면서 감기 한 번 걸리지 않는다는 것이다. 온몸이 가려워 밤새 긁어대느라 힘들어하던 둘째 아이가 한 번도 깨지 않고 푹 잘 자게 되었는데 이것 역시 캐나다가 준 최고의 장점 중 하나였다. 아마도 깨끗한 자연환경과 건강한 먹거리가 큰 역할을 하지 않았나 싶다.

실제로 캐나다에서는 집에 들어가면 답답한 느낌이 전혀 없었다. 콘크

리트를 주로 사용해 집을 짓는 한국에 비해 대부분 나무로 집을 짓는 캐나다라서인지 매일 집에서 잠을 푹 잘 수 있고 집에 들어와도 답답한 느낌이 전혀 없으니 컨디션이 항상 좋았다.

그리고 약국에 가 보면 처방전 없이 살 수 없는 약이 정말 많은데 증상에 따라 세분화된 약들이 많고 아이들 약은 자연 성분으로 만들어진 것이 대부분이었다. 어른인 나에게는 너무 순한 성분이었는지 가끔 약이 잘 들지 않을 때도 있었는데 한국에서 가지고 온 약을 먹으면 바로 좋아지기도 했다. 하지만 약 먹을 일이 많지 않아서 잔뜩 가지고 간 한국 상비약을 돌아올 때 주변에 많이 나눠 주고 오게 되었다.

딱 한 번 둘째 아이가 콧물이 나면서 귀가 아프다고 했다. 엄마의 직감으로 중이염이 의심되었는데 중이염은 빨리 항생제를 먹어야 치료된다고 알고 있어 의사를 만날 방법을 수소문했었다. 무작정 병원을 찾아가 기다리는 방법이 있지만 시간을 예측할 수 없어 패밀리 닥터가 있는 현지인의 도움을 받아 그나마 화상을 통해 의사를 만나 진료할 수 있었다.

그러나 귓속을 자세히 보기는커녕 지금 아이 상태가 괜찮으니 그냥 타이레놀을 먹이면 된다는 처방을 들었다. 그 당시 시중에 아이용 타이레놀이 품절 상태라 처방해 주면 좋겠다고 했더니 어른용 타이레놀을 잘게 만들어 용량을 반만 요구르트에 타서 먹이라는 아주 민간 요법 같은 처방을 받았다. 그렇게 10분 채 안 되는 시간을 만나고 50불을 결제했다. 그마저도 패밀리 닥터가 있는 친구가 아니었다면 불가능했을 것이다.

🍁 ──── 보험 효과적으로 가입, 활용하기

엄마가 학교를 등록하고 학비를 내면 엄마는 현지 학생 보험에 가입이 되어 있다. 학교 보험에 아이들을 추가할 수 있는데 3명이다 보니 비용도 만만치 않았다. 그래서 캐나다에서 크게 아플 정도이면 빨리 한국에 돌아가 치료를 받는 게 좋겠다는 생각에 한국에서 해외 장기체류 보험만 가입했는데 이 방법을 추천한다. 4명이 1년 기간 동안 80만 원 정도였고 인터넷으로 가장 저렴한 보험을 쉽게 찾을 수 있었다.

엄마의 학생 보험은 캐나다 현지에서 많은 부분이 커버가 된다. 대학교가 커서 학교 안에 클리닉이 있었고 아프면 바로 갈 수가 있었다. 기본적인 진료 이외에도 물리치료나 심리 상담 등 정신과적인 부분도 보험에 포함되니 잘 알아보면 유용하게 활용할 수 있다.

나는 컨디션에 따라 종종 나타나는 허리 디스크가 있었는데 겨울 어느 날 갑자기 허리가 아팠다. 학교 안의 병원을 이용해도 좋았을 텐데 마침 방학 기간이라 급한 마음에 사이트를 검색해 한국인 물리치료사를 찾았다. 학생 보험으로 비용을 청구하면 비용을 줄일 수 있었고 치료사분께 내

보험에 관한 정보를 알려드리면 알아서 처리해 주니 학교 외부의 병원도 대부분 보험을 적용해 큰 비용을 내지 않고도 진료가 가능했다.

같이 수업 듣는 스페인 친구가 개강 며칠 전 맹장 수술을 받았다고 했다. 그와 관련된 이런저런 이야기를 나누던 중 수술 비용이 한국 돈으로 2천만 원이 넘게 들었다고 해 깜짝 놀랐다. "학생 보험으로 커버가 되지 않았어?"라고 묻자 학교 보험은 개강일부터 시작이라 며칠 전의 일은 보장받지 못했다며 아쉬워했다. 이후 학교에 문의해 본 결과 캐나다에 입국한 날부터 보험을 시작하게 해달라고 요청하면 이것 역시 가능하다고 한다. 스페인 친구의 상황을 보면 며칠 차이로 2천만 원을 내게 되었으니 꼭 기억하고 입국하자마자 보험이 적용되도록 학교에 요청하도록 하자.

그래도 만약을 대비해 한국에서 비상약과 항생제는 어느 정도 준비해 가길 추천한다.

항생제는 캐나다에서 처방받기가 어렵고 앞서 말했듯이 캐나다 약이 너무 순해 맞지 않을 수도 있기 때문이다.

캐나다를 제대로 즐기려면
운전은 필수

🍁 ——— 아직은 많이 아쉬운 대중교통

오타와는 나름 수도라서 지하철도 있고 버스도 다른 도시에 비하면 잘되어 있는 편이었다. 아직까지 대중교통만으로 이동이 힘든 다른 도시들에 비해서는 잘되어 있다지만 한국과 비교한다면 여전히 부족하다. 다운타운을 중심으로만 지하철이 있고 버스는 간격이 길거나 캔슬도 많아 버스로 제시간에 맞춰 이동하기엔 무리가 있다.

방학 중 반 친구들을 우리 집에 초대한 적이 있었다. 모두 차가 없는 학생들이다 보니 대중교통으로 우리 집에 오기로 되어 있었는데 약속 시간은 12시였지만 식사를 시작할 수 있던 시간은 2시간 이후였다. 그마저도 중간에 내가 차로 데리러 간 경우가 대부분이었고, 여기가 어디인지 모르겠다는 전화를 수없이 많이 받았다. 우리 집이 학교에서 좀 먼 탓도 있었지만 대부분 구글 맵의 길 찾기를 보고 시간 맞춰 출발했지만 계속 늦어지는 버스 시간에 결국은 모두 약속 시간에 늦게 된 것이다.

한국 음식을 좋아하는 친구들이라 떡볶이, 김밥에 잔치국수까지 준비해놓았는데 식어버린 음식을 대접해야 하는 아쉬움과 미안함이 가득했던 그날을 잊을 수가 없다.

185

손님을 초대해 놓고 파티를 시작도 하기 전에 이미 다 지쳐버린 상황이었다.

오타와에서는 대부분 학생들에게 무료로 교통카드를 나눠준다. 내가 다녔던 대학교 학비에는 무제한으로 이용할 수 있는 학생용 패스가 포함이었고, 중고등학생들은 스쿨버스가 가지 않는 곳이라면 학생용 패스를 무료로 나눠준다. 그리고 패스가 없더라도 어른은 4달러 정도 요금을 받지만 아이들은 인원 상관없이 무료라 대중교통도 대부분 무료로 이용하는 사람이 많다.

캐나다에서 차가 없이 생활한다면 많은 부분에서 불편함을 감수해야 한다. 한국에서 운전이 서툴거나 시도하지 못해 캐나다에 가면 어떻게 해야 할지를 고민하는 엄마들이 많이 있다. 그래서 학교와 가까운 곳에 집을 구하거나 버스로 움직일 수 있는 곳을 알아보는데 학교 통학만이 문제가 아니다. 간단히 장을 보러 가더라도 차로 움직여야 하는 거리가 대부분이고 대용량으로 파는 물건이 많아 직접 들고 오는 것도 힘들다. 또한 아이들 플레이 데이트나 커뮤니티 활동을 어떻게 감당할 수 있을까?

일단 면허증이 있다면 겁내지 말고 시도해 보자. 한국보다 넓은 도로와 주차 공간, 그리고 무엇보다 여유 있는 마음으로 운전하는 사람들이 대부분이라 혹시 조금 주춤하더라도 다들 기다려주니 편안한 마음으로 운전할 수 있다. 한국에서 일상으로 듣던 자동차 경적 소리를 캐나다에 머무는 동안은 몇 번 들어보지 못했으니 운전하는 것에 대해서는 전혀 걱정하지 않았으면 한다.

눈이 너무 많이 내린 어느 날, 온 동네가 정전되어 신호등이 다 먹통인 적이 있었다. 그날 아침 아이 학교에 데려다주러 가는 길이었는데 고장 난 신호등이 있는 사거리에 차가 잔뜩 밀려 있었다. 하지만 어느 누구 하나 소리 지르거나 빵빵거리지 않고 차례대로 진행되는 걸 보고 첫째 아이가 이렇게 말을 했다.

"엄마, 캐나다가 느리고 답답한 것 같지만 이럴 때 보면 선진국은 맞는 것 같아. 한국 같았으면 지금 싸우고 소리 지르고 차는 계속 막혀 있고 난리였을 거야."

그 말을 듣고 둘러보니 운전자 누구 하나 짜증 내는 표정 없이 서로 먼저 가라고 양보하는 손짓과 미소를 보내고 있었다. 캐나다 교통은 좀 불편하지만 불평하지 않고 이용하는 사람들의 마음은 선진국이 맞는 것 같다.

187

제일 아까운 주차료와 과태료

캐나다에서 가장 이해할 수 없었던 것이 예상보다 비싼 주차료였다. 넓고 넓은 땅을 가진 나라인데 주차료를 왜 이렇게 많이 받는 건지 이해할 수 없었다. 다운타운에서 주차료를 받는 건 어느 정도 이해할 수 있지만 외진 곳에 있는 쇼핑몰이나 한적한 거리주차(street parking)도 주차료를 내야 하는 것은 아직도 이해할 수 없다.

그리고 주차요금을 지불하는 방식도 내 기준으로는 합리적이지 않았다. 처음 주차하고 등록할 때 나갈 시간을 지정하고 그에 맞춰 미리 결제하는 방식이었다. 나갈 시간을 미리 예측하고 결제하는데 그 시간보다 넘는 시간 주차해 둘 경우 운이 나쁜 경우 티켓(ticket)을 끊을 수도 있다 보니 외출 시 주차 시간이 항상 신경 쓰였다.

다운타운이 아닌 외곽에 있는 학교 근처 쇼핑몰에 주차를 하고 ticket을 받은 적이 있었다. 주차 시 2시간 이내만 무료였는데 2시간을 조금 넘긴 것이었다. 아무 일도 하지 않는 것처럼 보이는 캐나다이지만 나름 시큐리터들이 계속 돌아다니며 체크하고 있었던 것이다.

티켓값이 90불+세금(tax)로 적지 않은 금액이어서 그 이후부터는 시간을 잘 체크하고 혹시 시간이 넘을 것 같으면 다른 쇼핑몰 앞으로 옮겨 놓는 꼼수를 부리기도 했다.

그리고 주말에만 무료이거나 금요일부터 혹은 목요일부터 일요일까지 무료인 곳도 있고, 요일 상관없이 무료 주차가 정해진 시간이 있는 곳도 있다. 같은 길이라도 표지판을 기준으로 앞 부분은 주차가 가능하고 뒷부분은 주차 불가 지역도 있으니 주차할 때 주변에 있는 표지판을 잘 살펴봐야 한다.

아이들과 저녁 시간에 박물관을 방문했었는데 그곳은 5시부터 주차요금이 무료였던 곳이었다. 우리가 도착했던 시간이 4시 57분이라 아차 싶어 다시 나왔다 들어가려 했는데 이미 주차료가 청구되어 그대로 주차료를 낼 수밖에 없었던 아쉬운 기억이 있다. 주차장 입구에 근처에 들어가지 않고 기다리던 차들이 이유가 있었던 것이다. 그 이후로 어디를 방문할 때 꼭 주차 시간을 확인하고 가는 습관이 생겼다.

소방시설 앞에는 어떤 상황에서든지 주차 불가이니 꼭 참고하길 바란다.

소방시설의 모습이 참 특이하다고 생각했었는데 눈이 많이 올 경우 눕혀놨던 기둥을 높이 세워 눈 속에 묻히더라도 위치를 찾을 수 있는 용도라니 귀엽기도 하고 기발하다는 생각이 들었다. 내 친구는 차의 뒷부분이 3cm 정도 소방 시설과 교차된 상태로 잠시 주차했었는데 가차 없이 티켓을 받았다고 하는 걸 보면 안전에 대해서는 어느 누구보다 까다롭게 확인한다는 것을 알 수 있었다.

스탑(stop) 사인이 있으면 정지선에 무조건 멈춰야 한다. 3초 정도 머문 후 출발하면 되는데 보통 학교인 주변이나 신호등 없는 주택가에 많다. all way인 경우 모든 방향에서 다 멈춰야 하는데 멈춘 순서대로 다시 출발하면 된다.

소방시설 표시가 눈에 덮힐까 봐 겨울이면 긴 막대를 꼭 올려놓아 위치를 표시한다.

화살표가 두 방향이라면 모두 주차가 가능하다는 의미이다.

장애인 주차 표시. 모든 표지판에는 불어를 함께 표기해 놓는다.

4
생각보다 비싸지 않은
캐나다 물가와 건강한 식재료

🍁 ──── 한국보다 높지 않은 마트 물가

유학을 준비하는 사람들이 가장 궁금해 하는 것이 그 지역의 물가이다. 한 달 생활비가 구체적으로 얼마나 들었는지가 가장 많이 듣는 질문 중 하나인데 개인적으로 캐나다 물가가 한국보다 그리 높지 않다고 느껴졌다. 식료품이 대부분인 마트 물가는 오히려 한국보다 싸고 질이 좋았고, 공산품이 좀 비싼 편이었는데 단기로 있다 보니 질 좋은 비싼 공산품을 살 일이 많지 않아 한국보다 기본 생활비가 더 많이 들지는 않았다.

특히나 요즘 한국의 물가가 너무 올라서 마트 물가만 놓고 보면 한국이 더 높다고 생각될 때도 있다. 요즘 한국에서 사과 1알에 5천 원이라면 캐나다에서는 커다란 사과 한 묶음에 5불이 조금 넘었고 고기, 빵, 채소 등 많이 소비되는 식재료가 한국보다 월등히 싸고 품질도 좋았기에 먹는 것에 대한 소비는 실제로 한국에서보다 적게 들었다.

무엇보다 한국에서는 세 아이의 사교육비가 많이 들어 가족 생활비의 대부분이 교육비였는데 캐나다에서는 사교육비가 거의 들지 않았기에 생활비만 놓고 본다면 전체적으로도 한국에서보다 덜 들었던 부분이 많았다.

191

집 관련 비용	렌트비 2400불 가스 200불 수도 150불 전기 90불 = 대략 3000불	렌트비를 제외하고는 계절에 따라 차이가 많이 난다.
인터넷, 통신 관련	인터넷 50불 핸드폰 50불 = 100불	인터넷 가입과 TV 가입을 함께 할 수 있고 핸드폰도 현지에서 조금 저렴한 상품으로 가입할 수 있다.
보험	집, 차 보험료 = 300불	집, 차 보험은 필수로 가입
실생활비용	식료품 2000불 주유비 300불 주차료 200불 외식 300불	학교에 차를 가지고 다니면 주유비뿐 아니라 주차비를 꽤 많이 내야 한다. 주말에 1번 정도 외식하는데 1번에 100불이 조금 넘게 나온다.
아이들 교육비	첫째 아이-수영, 농구, 축구, 수학 과외 둘째 아이-수영, 축구, 미술, 연기(acting) 셋째 아이-수영, 축구, 미술	커뮤니티 수업료가 수업에 따라 3달에 50~100불 정도 된다. 이 부분은 너무 제각각이라 정리하기가 어렵다.
여행	+@	이 부분도 개인차가 큰 부분이다. 그러나 한국에서 여행을 다닌다고 생각한다면 오히려 더 적게 드는 부분이다.

(큰 부분이었던 부모의 학교 학비는 생활비에 포함하지 않았다.)

PART 2 진짜 캐나다에서는 어떻게 살까?

192

**캐나다 장남감은 한국보다 다양하지만 그만
큼 비싸 특별한 날이 아니면 사지 않고 구경
만 했다.**

한국에서 내지 않았던 월세가 생활비의 가장 많은 부분을 차지했고 전
기료, 가스비, 물세 등 기본적으로 내야 하는 게 있다. 그리고 인터넷, TV
시청료도 한국보다 많이 비쌌다. 한국처럼 결합으로 가입하면 할인이 있
었는데 한국에서도 TV를 많이 보지 않았던 터라 굳이 가입하지 않았다.
인터넷은 꼭 필요해 가입했고 TV는 안테나만 달면 기본적인 방송은 시청
할 수 있는 팁을 듣고 간단한 안테나만 사서 달았더니 기본적인 몇 개의
채널을 볼 수 있었다.

그 외에 크게 들어가는 비용은 아이들 커뮤니티 센터 비용, 차 유지비

정도였다. 외식하면 세금(tax)와 팁(tip)을 줘야 해 부담스럽다고 생각될 수도 있지만 10불 내외의 키즈 메뉴가 식당에 항상 있어 아이들과의 외식 비용은 많이 들지 않았고, 가격이 좀 있더라도 음식 양이 한국의 2배 정도가 되니 한국에서의 외식보다 더 가성비가 좋다는 생각이 들 때도 있었다.

무엇보다 우리 가족은 여행을 많이 다녔고 아이들이 정말 많이 먹는 나이였기에 기본적인 체류비가 처음 계획을 세웠을 때보다는 많이 들었다. 하지만 같은 시기에 한국에서 비슷한 수준으로 여행하며 지냈더라면 훨씬 많은 지출이 되었을 거라 예상한다.

🍁 ─── 쿠폰과 이벤트를 활용한 외식

맥도널드(Mcdonalds), 웬디스(Wendy's), 서브웨이(subway) 등 종종 먹게 되는 패스트푸드 쿠폰이 집으로 자주 와 쿠폰을 잘 활용했다. 20불이 조금 넘는 비용으로 햄버거 세트 4개를 주문할 수 있으니 운동을 끝내고 급하게 집에 오거나 주말 외출, 여행 후 돌아오는 길 식사 준비할 여유가 없어 외식이 필요할 때 유용하게 사용했다. 한국에 있을 때 햄버거 등 패스트푸드를 좋아하지 않았던 아이들이었지만 신선하고 다양한 종류를 가진 캐나다의 햄버거는 정말 맛있게 먹었다.

음식에 진심인 둘째 아이가 이렇게 말했다.

"캐나다의 햄버거는 광고 속 사진과 똑같은 햄버거를 주지만 우리나라

194

에서는 사진과 너무 다른 햄버거를 주는 것 같아. 그래서 캐나다 햄버거가 더 맛있는 것 같아."

개인적으로 가장 맛있게 먹었던 웬디스 햄버거. 이곳도 키즈밀(kid's meal)이 장난감과 함께 있었다.

이러한 쿠폰들을 항상 차에 두고 다니며 자주 사용했다. 웬디스뿐 아니라 서브웨이, 맥도널드, 많은 피자집 등 다양한 쿠폰이 집으로 자주 왔다.

아무래도 햄버거를 간식이 아닌 식사로 먹는 나라이니 채소의 양도 많고 패티도 바로바로 구워 한국 수제버거 맛을 패스트푸드점에서 맛 볼 수 있었던 것 같다.

그리고 많은 피자 가게에서 행사가 많았는데 도미노피자(dominos pizza)는 매주 월요일 1+1 행사가 있어 월요일마다 이웃 친구들과 공원에서 피자파티를 하기 좋았고, 이외에도 특별한 행사 기간을 잘 활용하면 한국보다 훨씬 저렴하게 외식할 수도 있다.

우리나라에서 떡볶이집, 김밥집 가듯이 햄버거집을 가는 나라다 보니 맥도널드(Macdonalds), 버거킹(Burgerking), 웬디스(Wendy's), A&W, 파이브가이즈(Fiveguys), 아비스(Arby's), 파파이스(Popeyes), KFC 등 우리에게 익숙한 패스트푸드점은 물론 Little caesars pizza, Jojo's pizza 혹은 동네 오래된 유명한 피자, 도넛 집들이 많이 있다.

익숙하지 않은 이름의 햄버거, 피자라도 한 번쯤 도전하며 한국과 다른 맛을 느껴보는 것도 캐나다에서 느낄 수 있는 재미 중 하나이니 시도해 보길 바란다.

난 해외여행을 가면 꼭 그 나라 맥도널드를 가보는 나만의 취미가 있다. 그 나라에서만 파는 특이한 메뉴들이 있어 그것들을 맛보는 재미도 있지만 같은 메뉴의 햄버거라도 나라마다 다른 특징적인 맥도널드의 맛을 느껴보는 것도 정말 재미있다. 자기가 먹은 음식을 직접 치우지 않아도 되는 나라도 있고 아주 젊은 사람들만 일하는 곳도 반대로 나이 드신 분이 대부분인 곳도 있는 등 같은 맥도널드라도 나라마다 다른 분위기가 많다. 하지만 다른 무엇보다 맛으로만 놓고 본다면 여러 나라 중 캐나다의 맥도널드 햄버거의 맛은 단연 최고였다.

캐나다는 다양한 인종만큼이나 과일도 다양하다.
GALA, CRISPI, HONEYCRISP, AMBROSIA, ROME, EMPIRE.

196

많은 품종만큼 가격도 제각각인 사과 코너.

토마토마저 품종은 물론 사이즈도 제각각이 었다.

다른 과일에 비해 당도가 좋았던 포도. 도시락 싸기에도 편해 세일 때마다 자주 사 먹었다.

종류가 너무 많아 식빵 하나 고르기도 너무 힘든 캐나다 마트.

한 번쯤 들어봤을 법한 이 많은 이름이 오직 사과에 붙어 있는 다른 종류들의 이름이다.

사과는 전 세계 사람들이 다 먹는 과일이라고 할 수 있지만 한국에서 볼 수 없었던 다양한 품종이 많이 있는 곳이다. 처음에는 사과 맛이 다 비슷하겠지만 생각에 제일 예쁘고 맛있어 보이는 것을 골라 샀는데 퍽퍽한 식

197

감이나 달지 않은 맛 등 그동안 내가 먹어보지 못한 사과를 경험한 이후 내 입맛에 맞는 사과를 골라 그 품종만 사게 되었다. 내 입맛에 맞는 사과는 다른 품종에 비해 조금 비쌌는데 과일은 비쌀수록 맛있다는 한국의 마트 규칙이 그대로 적용되었다.

귤이나 오렌지 역시 수입되는 나라가 다양해 겉모양은 비슷하지만 맛이나 식감이 모두 달랐다. 우리나라처럼 당도 높은 과일이 많지 않아 과일 살 때마다 챌린지(challenge)하는 기분이었는데 어느 정도 생활하다 보니 맛있는 품종, 브랜드를 기억하게 되었다.

과일을 밥처럼 자주 먹는 우리 집 아이들은 한국에서 흔하지 않은 과일들을 먹는 즐거움도 있었는데 그중 망고, 리치 등 한국에서 비싼 열대과일들이 저렴해 마음껏 사 먹을 수 있었다.

🍁 ─── 한국 음식 재료 구할 수 있지만 많이 비싸다

한국 음식 재료를 구입하기 위해 한국 마트를 종종 방문했는데 당연히 한국보다 비싼 가격 때문에 선뜻 사기가 망설여질 때가 많았다. 한국 음식 재료지만 우리가 알고 있는 그 맛이 아닌 다른 맛이 나는 것도 많이 있어 한식을 위한 기본적인 재료는 한국에서 준비해 가는 것이 좋다. 예를 들어 우리나라 대표적인 상표의 고추장이라도 현지에서 사는 파는 멕시칸 고추 특유의 매운맛이 있어 아이들은 너무 맵다고 먹기 힘들어했다. 우리나라 상표의 제품이지만 미국이나 멕시코 등 다른 나라에서 제조되는 것들이 많기 때문이다. 라면 역시 캐나다의 식품 제조법이 조금 달라서인지 면의 식감이 많아 달라 아이들이 더 건강한 맛이라고 표현했지만 맛있다고는 하지 않았다.

꼭 비싼 한국 음식 재료가 아니더라도 조금 더 저렴한 현지 재료로 대체할 수 있는 것들을 차차 알게 되어 캐나다 생활이 익숙해질수록 생활비는 조금씩 줄어들었다. 월마트(Walmart) 같은 시중 마트에도 한국 고추장, 라면들은 항상 있는데 한국마트보다 싸게 팔 때가 있고 할인을 자주 해 아시안푸드(Asian food) 코너를 수시로 확인해 싸게 구입하기도 했다.

우리나라에서 볼 수 없는 한국 라면도 있을 정도로 종류가 많고 인기도 많다.

한국 마트가 아닌 현지 마트에서도 쉽게 볼 수 있는 한국 브랜드 만두, 그러나 맛은 한국에서 먹는 것과 같지 않았다.

김치전, 새우볶음밥까지 한국음식을 코스트코에 기면 쉽게 볼 수 있다.

조금만 매운 요리이면 코리안 스타일(Korean style)이라고 이름 붙였는데 그 종류가 점점 많아지고 있다.

다양한 인종과 문화가 있는 나라인 만큼 다양한 음식도 있는 나라가 캐나다인데 음식 문화를 다양하게 즐기지 못한 것이 조금 후회스럽다. 향신료에 거부감이 있어 조금이라도 다른 향이 나면 시도조차 하지 못하고 일식당, 베트남 식당 혹은 중식당 정도로 한국에서 먹어 본 익숙한 음식만을 시도했었다. 새로운 식당 입구에 들어서면 각 나라마다 특유의 향신료 냄새가 있어 냄새에 예민한 둘째는 언제나 'NO!'를 외쳐 익숙한 식당으로만 갈 수밖에 없었다. 에티오피아 식당, 터키 식당, 인도 식당 요르단 식당, 우즈베키스탄 식당 등 한국에서 접해볼 수 없는 다양한 현지식 식당을 방문하는 것도 나와 아이들에게 좋은 경험이 되었을 것 같은데 아쉬웠다. 다양한 음식을 맛보는 경험뿐 아니라 먹는 방법, 각 나라의 특징적인 기념품, 특유의 분위기 등을 경험해 볼 수 있는 좋은 기회를 놓쳤던 것 같다.

터키 친구 집에 갔을 때 만들어 준 터키 음식.

터키 음식 전문점. 바비큐 된 다양한 고기와 밥이 정말 맛있었다.

이란 친구가 준비해준 이란 음식들. 이란 사람들은 디저트류를 좋아한다고 했다.

201

친구 집에 초대받아 가는 경우 한국 음식을 준비해 가면 언제나 대환영을 받았다.

불고기, 김밥, 떡볶이가 주로 준비해 가는 메뉴였는데 신기하게도 나라 상관없이 모든 친구들이 세 가지 메뉴의 이름은 다 알고 있었다. 다만 종교적으로 특정 고기만 먹는 친구, 채식주의자 친구 등 각각 기호에 맞춰 요리했는데 요리 재료를 조금만 신경을 쓰면 대부분 나라의 문화에 맞출 수 있었다. 가끔 마트에서 한국 냉동식품을 사진 찍어 나에게 보내주기도 했는데 지난번 내가 해준 음식이 너무 맛있었다며 이게 비슷한 거냐며 물어보는 것이었다.

나의 음식을 먹고 한국 음식에 관심이 생겼다는 이야기를 듣고 스시가 아니라 김밥이라고 알려주기도 하고 어설프지만 요리 방법을 알려줄 때면 나도 모르게 기분이 좋아졌다.

PART 3

스케일이 다른
캐나다 여행

캐나다는 아이들 학교가 방학이 아니더라도 학기 중에 쉬는 날이 많이 있다. 게다가 쉬는 날이 대부분 금요일이다 보니 휴일이 주말까지 이어서 여행 갈 수 있는 기회가 많이 있다. 캐나다 정착 초반에는 가까운 곳을 둘러보기 바빴지만 어느 정도 여유가 생기고 난 이후 점차 거리가 먼 여행지도 도전해볼 수 있게 되었다. 게다가 캐나다에서 머물 수 있는 우리에게 주어진 시간이 한정되었다고 생각하니 하루하루 헛되이 보내는 것이 아까워 더욱 열심히 여행을 다녔다. 내년 이날은 여기에 없다고 생각하며 새로운 계절의 변화 새로운 하늘, 바람까지 한순간도 놓칠 수가 없었다. 처음에는 보호자가 오직 나 한 명인 채로 아이들을 데리고 멀리 여행하는 것이 겁 나 쉽게 시도하지 못했지만 1년이 거의 다 지날 무렵에는 나보다 훌쩍 성장한 아이들의 모습을 다른 여행지에서 느껴보는 것도 큰 즐거움이었다.

①
오타와에서 가까운 몬트리올

오타와에서 차로 2시간 조금 넘어갈 수 있는 가까운 여행지 중 한 곳이 몬트리올이다. 오타와 다운타운에서 다리 하나만 건너면 행정구역상으로 온타리오주에서 퀘백주로 바뀌는데 그 중 몬트리올과 퀘백 시티는 우리나라 사람들에게도 유명한 도시이다. 퀘백주에 들어서는 순간 여기가 유럽인지 캐나다인지 구별할 수 없을 만큼 다른 분위기가 느껴지는데 무엇보다 모든 교통표지판과 간판들이 불어로 되어 있어 캐나다가 아닌 유럽 어딘가를 여행 온 기분이 든다. 젊은이들이 많이 몰리는 도시인 만큼 축제도 자주 열리는데 기간에 맞춰 방문한다면 거리 축제 분위기를 느낄 수 있는, 조용한 캐나다답지 않게 에너지 넘치는 곳이다.

캐나다에 사는데 공용어가 영어가 아니라 불어라고? 캐나다에 와서 처음 알게 된 사실이다. 실제로 퀘백주에는 영어를 못하는 캐나다인도 많고 식당에 들어가면 불어가 먼저 나오기도 하며 영어로 주문받기 어려워하는 직원들도 많이 있었다. 그래서인지 캐나다에 있는데 더욱더 유럽을 여행하는 색다른 기분이 들어 자주 가보고 싶었던 곳이다.

몬트리올 다운타운은 건물 하나하나가 너무 아름답다. 그리고 특별히 맛있는 음식을 찾을 수 없는 캐나다이지만 몬트리올은 아무 식당이나 들어가도 기본 이상은 한다 하는 정도로 음식들이 맛있다. 오타와보다 맛있는 한식당이 많이 있는 것도 재미있는 점이다.

몬트리올에는 특히 오래된 성당들이 많이 있는데 그 중 치유의 성당이라는 성요셉 성당이 가장 기억에 남는다. 오래 전 치유 능력을 가진 안드레 신부님이 많은 사람의 병을 낫게 해주었다고 전해지는데 그분의 심장이라고 하는 붉은 돌이 전시되어 있다. 아직도 이곳에서 기도하면 힘든 병이 다 나을 수 있다는 이야기가 전설처럼 남아 세계 곳곳에서 사람들이 끊임없이 찾아오는 곳이다.

비록 종교가 다르긴 하지만 나와 주변 사람들의 몸과 마음의 치유를 위해 나 역시 기도했고 그 기도를 잊지 않기 위해 나무 십자가로 된 기념품을 샀다.

그리고 성당 앞 계단에 앉아 한눈에 보이는 시내 풍경에 바라보며 참 많은 생각을 했다. 그 순간 느껴지는 나의 감정, 느낌, 생각과 온몸으로 느껴지는 바람의 감촉까지 평생 잊지 않고 그대로 간직하고 싶었다.

몬트리올은 도시 구석구석 성당이 정말 많이 있는데 모두 웅장하고 아름답다.

207

예술의 도시답게 미술관 주변에도 항상 관련 행사를 많이 한다.

유럽식 건축물이 많아서 더욱더 유럽처럼 느껴지는 도시.

올드타운에 있는 공원, 한적함과 평화로움이 느껴진다.

성요셉 치유의 성당 앞 계단에서 보이는 평화로운 풍경.

1920년대 지어진 캐나다 왕립은행 본사였던 곳이 카페로 바뀌어 운영되고 있다. 마치 거대한 예술품 속에 들어 온 기분이 든다.

언더그라운드씨티. 추운 날씨 탓에 여의도 4
배가 되는 크기의 지하도시가 형성되어 있다.
레스토랑이 많이 있다.

날씨가 좋은 날은 몬트리올에 있는 특별한 동물원 오메가 파크(Parc
Omega)에 가보기를 추천한다. 시내에서 한 시간 반 정도 떨어진 곳인데
동물원이라기보다는 커다란 숲속에 들어간다는 표현이 더 맞을 것 같다.
동물들이 울타리 안에 머물지 않고 자연 그대로 머물면서 우리가 타고 온
차를 그대로 타고 들어가 관람하는 곳이다. 동물 먹이로 당근 스틱을 잔뜩
준비해 갔는데 커다란 동물들이 겁 없이 창문을 두드리니 처음엔 조금 무
서웠다. 하지만 동물들은 차를 먹이를 주는 기계로 인식하듯 전혀 무서워
하지 않고 차 창문 안으로 얼굴을 들이밀고 받아먹는다. 나는 무서웠지만,

동물을 사랑하는 아이들은 창문 안으로 불쑥 얼굴을 내미는 동물들을 쓰다듬어 주기도 하고 커다란 혀로 핥음을 당함에도 즐거워하는 특별한 경험을 할 수 있는 곳이다.

울타리에 갇혀 자유롭지 않게 살아가는 동물원을 불편하게 생각했는데 자연 속에 있는 그대로의 환경으로 두고 각각 어울리며 관람할 수 있는 이곳이 캐나다스러운 곳이었다. 자연을 사랑하는 동물을 사랑하는 사람이라면 꼭 한 번은 다녀오길 추천한다.

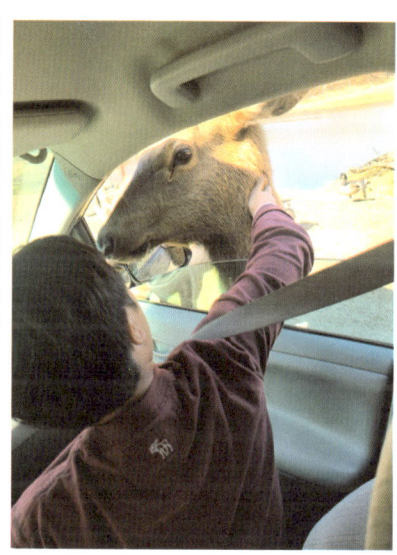

먼저 창문을 두드리는 겁 없는 동물들.　**동물을 사랑하는 아이들이 너무 행복한 곳.**

드라마 〈도깨비〉 속보다
더 아름다운 퀘백

〈도깨비〉라는 유명한 드라마의 배경이 되면서 유명해진 곳이 퀘백이다. 드라마 속의 장면들이 너무 아름다워 한국인이 꼭 가보고 싶어 하는 관광지 중 항상 높은 순위에 올라와 있는 곳이다. 내가 직접 가보니 드라마 속 퀘백보다 내 눈으로 직접 보는 퀘백이 훨씬 더 멋있었다.

관광할 수 있는 곳은 그리 넓지 않았지만 샤또프론트낙 호텔(Fairmont le Chateau Frontenac)을 중심으로 골목 구석구석 돌아보며 작은 가게들을 둘러보기 좋은 곳이었다. 겨울과 여름 두 계절에 모두 방문했었는데 두 계절 모두 다 우위를 가릴 수 없을 만큼 아름다운 곳이다.

퀘백에 가면서 그동안 새로운 경험을 해 보고 싶어 사진상으로 가장 오래되어 보이는 호텔을 예약했다. 제일 유명한 관광지 근처 가까운 작은 호텔이었는데 얼마나 오래된 건물이었는지 바닥의 수평이 맞지 않고 건물에 엘리베이터가 없을 정도였다. 좀 많이 불편하긴 했지만 수 백년이 지난 호텔 건물에 머물러 볼 수 있는 것만으로도 충분히 의미가 있었다. 그동안 가장 깨끗하고 편리한 호텔에서만의 여행에 익숙한 아이들에게도 색다른 경험이 될 것이라 생각했지만 그래도 여러 가지로 불편함은 어쩔 수 없었다. 그럼에도 불구하고 호텔 금액이 불편함을 덮을 정도로 싸지는 않고 시내에 있는 메리어트와 비슷한 금액이었으니 한 번의 경험만으로 충분했다고 생각한다.

여름에는 가장 유명한 샤또프론트낙 호텔에 머물렀는데 무려 1893년에 지어진 오래된 건물의 웅장함과 그 안의 섬세함이 잊히지 않는다. 최대한 예전의 모습을 그대로 살리고자 노력하며 새로 만들기보다는 계속 보수하며 옛 모습을 그대로 지켜내고 있었는데 바로바로 새것으로 바꾸기를 좋아하는 한국과는 참 다른 모습이다.

빠르게 변화하는 요즘 세상의 속도가 조금 힘든 나는 살짝 느리고 그 안에서 느낄 수 있는 평화로움이 오히려 나에게 잘 맞는 곳이라는 생각이 들었다.

그 호텔 안에는 드라마 〈도깨비〉 속에 등장하는 우체통도 있고 세인트 로렌스강을 바라볼 수 있는 광장이 연결되어 있어 드라마 속 장면을 떠올리며 구석구석 둘러보며 오래전 방영된 드라마였지만 여전히 그대로인 풍경들이 고마웠다.

퀘백 여행 중에는 한국인이 많이 가는 곳뿐만 아니라 구석구석 작은 골목 다녀보기를 추천한다. 대부분 여행지를 정하면 근처 검색을 하고 한국 사람들이 많이 다녀온 곳들을 찾아다니는데 퀘백, 몬트리올은 그렇게 여행하기에 구석구석이 모두 아까운 곳이다. 골목, 건물 하나하나 둘러볼 곳

들이 너무 많이 있고 건물을 쌓고 있는 벽돌, 돌 하나하나가 각각의 이야
기와 의미를 지니고 있을 것 같다. 이런저런 상상을 하며 천천히 둘러보면
지나는 시간이 아까울 정도이다.

퀘백주을 나오는 고속도로를 지나고 간판이 딱 영어로 바뀌자 기회가
된다면 아이들 없이 혼자 와보고 싶다는 생각이 들었다. 아이들의 시선에
맞추지 않고 오롯이 나의 시선에 맞춰 아주 천천히 해가 잘 드는 높은 언
덕에 오랫동안 앉아 가장 좋아하는 시간인 해가 지는 그때 멋진 광경을 오
랫동안 지켜보고 싶었다. 나중에 언젠가는 꼭 한번 혼자 가봐야겠다.

올드 타운 골목에 영화 속에서 나온 듯한 작   유명한 〈도깨비〉 문. 한국 사람뿐 아니라 중
은 호텔들이 많이 있다.   국 사람들도 여기서 사진을 많이 찍었다.

모든 골목이 드라마에 나왔던 곳과 비슷하다.
몬트리올과는 또 다른 옛스러운 느낌이다.

겨울이라면 어디서든 눈썰매는 기본으로 즐기기. 퀘백에서도!

〈도깨비〉호텔로 유명한 샤또프론트낙 호텔.

다음 기회에 꼭 혼자 가서 오랫동안 앉아 있고 싶었던 언덕.

일론 머스크가 다닌
퀸스대학교의 도시, 킹스턴

오타와에서 1시간 30분 정도 거리에 작은 도시 킹스턴이 있다. 가는 길 부터 푸르름이 끝없이 이어지는 예쁜 곳이라 날씨 좋은 날 당일치기 여행 이라도 가보길 추천한다.

캐나다 친구에게 킹스턴을 간다고 하니 〈군대, 감옥, 대학〉 이 세 가지 의 아이러니한 조합으로 대표되는 도시라고 설명해주어서 도대체 이런 아 이러니한 조합의 도시는 어떤 곳일지 궁금해졌다.

킹스턴은 인구가 12만~13만 정도 되는 작은 도시인데 일론 머스크(Elon Musk)가 다녀 유명해진 퀸즈대학교(Queen's University) 재학생만으로도 3 만 명 정도가 되니 도시 전체가 젊은 분위기로 생기가 넘치는 곳이다. 그 반면에 캐나다에서 가장 오래된 감옥(Kinston Penitentiary)이 있어 감옥 투 어, 감옥 박물관 등 감옥을 이용한 관광 상품이 있고 캐나다에서 가장 오 래된 장교사관학교인 왕립사관학교(Royal Military College of Canada)가 있 는데 대표하는 3가지 모두가 각각 캐나다에서 가장 오래된 것들이라고 하 니 도시 전체가 사적지라고 생각될 정도였다.

2013년까지 사용되었다는 감옥은 미리 예약하지 않아 내부 관람은 못 했지만 감옥이 주는 기분이 썩 좋지는 않아 굳이 들어가 보고 싶지 않았다. 상상력이 풍부한 둘째 아이는 특히나 더 관람하기를 거부했기에 아쉽지 않았다. 바로 앞에 있는 감옥 박물관도 관람 시간이 지나서 들어가지 못했지만 너무 현실적인 사진들과 자료들을 보면 머릿속에 오래 남아 힘들어하는 둘째 아이를 생각하면 역시 아쉽지 않았다.

우리 가족은 위의 세 가지 관광지보다 천섬(Thousand Islands) 관광을 기대하고 갔다.

세인트로렌스 강(Saint Lawrence River) 위에 1,864개의 작은 섬들이 떠 있는데 대부분 부자들의 별장으로 이루어졌다고 했다. 직접 가서 보니 섬이라고 할 수 없을 만큼 작은 집 하나만 겨우 지어진 섬 위에 집이 있었는데 어떻게 지었는지, 어떻게 유지가 되는지 아무리 봐도 신기했다. 섬으로 인정받으려면 나무가 2그루 이상이 심어져야 한다는 규칙이 있었는데 구색을 맞추기 위해 겨우 살아 있는 나무들도 보였다.

그리고 강의 한쪽은 미국, 다른 한쪽은 캐나다로 강 위에 있는 별장들이 소속을 나타내기 위해 캐나다 국기와 미국 국기를 걸어두고 같이 펄럭이는 것도 재미있었다.

천섬 중 가장 큰 섬에는 볼트 성(Boldt Castle)이 있는데 이곳은 미국 주에 속해 있어 이 섬에 들어가려면 미국 비자가 필요했고 또 다시 돌아오려면 캐나다 비자가 필요했다. 관광 상품으로 시간에 따라 다른 여러 코스가 있었는데 섬에 들어가는 5시간의 관광이 지루할 것 같다는 아이들의 의견에 섬에 들어가지 않고 유람선으로 돌아보는 코스를 선택해 볼트성은 들어가지 않고 둘러보기만 했다.

　유람선을 타고 이곳저곳을 둘러보는 동안 섬에 관한 이야기가 방송으로 흘러나왔다. 볼트 성에 대한 아름다운 이야기가 나오고 또 사우젼아일랜드소스가 시작된 곳이라는 설명도 있었는데 안 그래도 영어 못하는 나는 기계음으로 들리니 많은 부분을 놓치고 있었다. 그런데 아이들이 대부분 잘 듣고 내가 놓친 부분들을 설명해주니 작은 성장이었지만 그 순간이 기억에 남을 만큼 아이들이 성장이 느껴졌던 순간이었다.

캐나다 대학가의 아기자기함이 느껴지는 킹스턴 거리.

섬 위에 어떻게 건물을 지었는지, 계속 유지가 되는지 궁금하다.

유람선을 기다리는 선착장도 아름다운 곳.

유람선을 타고 신기한 섬들을 구경하면 시간　아이들이 가장 좋아하던 킹스턴 놀이터.
이 금방 간다.

캐나다 현지 학교를 다니지만 나와는 한국어로 대화를 하니 아이들이 어느 정도 영어가 늘었는지 가늠할 방법이 따로 없었다. 그리고 학교에서 뭘 배우는지도 알 수 없기에 그저 잘하고 있겠지 하고 생각했는데 그날 아이들이 나에게 설명해주는 순간 이제 아이들의 귀가 다 트여 영어가 많이 늘었구나를 느끼게 해준 계기가 되었다.

뒤돌아 생각해 보면 아이들의 성장을 느끼는 순간들은 항상 여행지였다. 세상을 보는 시야가 넓어지는 것에 대한 많은 이야기를 나누고 오랫동안 가지고 있었던 것과는 다른 관점으로 생각하는 법도 나누고, 또 물건을 사거나 음식을 사 먹는 순간에도 호기심을 가지고 새로운 것에 도전하는 모습들을 보고 엄마인 나만 알 수 있는 미세한 변화들을 가까이서 직접 목격할 수 있는 기회였던 것이다.

아이 스스로는 매 순간 가질 수 있는 한 단계씩의 변화였겠지만 매 순간을 함께하고 이야기할 수 없기에 엄마인 내가 느껴지는 성장은 점프한 것처럼 아주 크게 다가왔고 그 순간들을 놓치지 않기 위해 애썼다. 가까이서 그 순간들을 직접 경험할 수 있었음이 정말 감사했다.

천섬 관광을 마친 후 점심을 먹기 위해 다운타운 쪽으로 갔는데 그날따라 실내에 머물기 아까울 만큼 날씨가 좋았다. 우리는 스시 집에 가서 각각 좋아하는 스시를 포장하고 또 아이들이 가장 좋아하는 망고주스까지

221

산 후 가까운 놀이터에 앉아 점심 식사를 하기로 했다.

아이들은 새로운 놀이터에서 동네 아이들과 어울려 우리는 알지 못하는 새로운 놀이 규칙을 배우며 신나게 놀고 첫째 아이는 바로 앞 농구장에서 새로운 친구들과 농구도 하면서 그렇게 평화롭고 즐거운 점심시간을 보냈다.

한국으로 돌아와 아이들과 킹스턴 여행에 대해 이야기하며 물었다.

"킹스턴에서 어디가 가장 기억에 남았어?"

"엄마, 킹스턴이 어디였지? 아, 거기! 맞아! 거기는 놀이터 정말 재미있었어."

평화로운 도시, 젊고 싱그러운 도시라는 느낌이 강하게 남아 만약 다시 한번 캐나다에서 살 수 있는 기회가 주어진다면 살고 싶은 도시 후보에 킹스턴을 올려놓았다.

나이아가라 폭포는
꼭 한번 가보자, 토론토

다양한 인종이 모여 사는 곳이 캐나다라고 하지만 그중에서도 토론토는 세계 모든 인종이 다 어우러져 살아가는 도시라는 생각이 들 정도로 다양한 인종이 보인다. 지나가는 커플을 보면 두 명이 각각 같은 나라 사람이 아닌 경우가 더 많으니 어느 정도인지 예상할 수 있을 것이다. 캐나다에서 가장 도시다운 곳이라서 그런지 캐나다 자연을 좋아하는 우리에게는 큰 감흥이 없는 여행지였다. 도시인 서울과 비슷한 점이 많아 아이들이나 나나 특별히 기억에 남는 곳은 많지 않았다.

하지만 세계 여러 곳에서 관광 사람들이 많아 CN타워, 아쿠아리움, 뮤지엄, 카사로마(Casa Loma) 등 재미있는 곳은 많이 있었고 관광지인 만큼 여러 곳의 입장권을 BIG3, BIG5, 패키지 형식으로 구입할 수 있어 잘 알아보면 부담스럽지 않게 관광이 가능했다.

토론토 과학관(TORONTO SCIENCE CENTER)은 규모가 꽤 큰 과학관이었는데 우리나라의 훌륭한 과학관과 비교하자면 부족한 것도 보였지만 무엇보다 접근하는 방법이 한국과는 많이 달라 아이들이 여러 가지 방향으로 생각할 수 있도록 도와주는 곳이라는 생각이 들었다.

카사로마(Casa loma), 고딕 양식의 대저택으로 1900년 초반 지어
진 건물이다.

약 100개의 방이 있었다고 하니 주인이 평생
한 번도 들어가 보지 못한 방도 있지 않았을까?

강 근처에만 가도 큰 폭포 소리가 웅장하게 들린다.

토론토에서 1시간 30분 정도 가면 있는 나이아가라(Niagara Falls)는 살면서 꼭 한 번은 가 볼 만한 곳이었다.

대도시와 가까운 곳에서 대자연을 바로 눈앞에서 느낄 수 있는 곳이 몇 군데가 될까?

유람선을 타고 나이아가라 폭포에 다가갈수록 자연 앞에 인간은 정말 작은 존재일 수밖에 없음을, 자연에 순응하면서 살아가는 게 또 작은 인간임을 강하게 느끼게 해주는 곳이었다.

재미있는 점은 강을 사이에 두고 한쪽은 미국, 반대편은 캐나다인데 필수로 입어야 하는 우비가 미국 쪽은 파란색, 캐나다 쪽은 빨간색으로 우비를 보고 어느 나라 소속 배인지 바로 알아볼 수 있었다.

자연 그대로의 모습을 유지하는 나이아가라와는 대조적으로 나이아가라 폭포 주변에는 카지노와 놀이기구, 각종 유흥시설이 많이 있었다. 근처 호텔에 머물게 되면 창밖으로 보이는 폭포 뷰도 꽤 볼 만한 장면이니 관광 코스로 즐기기에 부족함이 없어 보였다.

체리 나무가 이렇게 생겼구나! 신기한 셋째   바구니 가득 채워 행복한 둘째 아이.
아이.

나이아가라 부근에는 와이너리, 각종 과일을 딸 수 있는 농장이 많이 있는데 그중 우리는 그때가 제철이라는 체리 농장에 갔다. 한국에 있을 때도 딸기, 블루베리, 사과, 귤 등 과일 따기 체험을 좋아했던 아이들이라 신이 나서 입장했다. 우리나라에서는 수확된 상태로 볼 수 있던 체리를 나무에 열린 상태로 볼 수 있으니 신기했고 안 그래도 달콤한 과일인 체리를 나무에서 바로 따서 먹었을 때 그 신선하고 달콤한 맛은 잊을 수가 없었다.

꽤 많은 양을 수확해 여행 내내 멈추지 않고 먹고도 남을 정도였으니 근처 여행을 계획 중이라면 체리를 비롯한 과일 농장 방문을 추천한다.

⑤
호주가 아닌 캐나다에도
퍼스가 있다

퍼스(Perth)라고 하면 호주의 도시를 먼저 떠올리게 되는데 오타와에서 토론토 방향으로 1시간 정도 가다 보면 캐나다에도 퍼스라는 작은 도시가 있다.

19세기 전쟁에 참전했던 군인들이 정착한 곳으로 그들 중 스코틀랜드 석공 출신들이 만든 유럽풍의 예쁜 건물들이 많이 있는 도시이다. 도시 전체가 영화 세트장이라고 해도 믿을 만큼 아기자기하고 아름다운 도시였는데, 규모는 크지 않지만 빈티지 샵이나 작은 소품을 파는 가게들이 많아 마치 과거 여행하는 기분이 들게 하는 도시이다. 여름에 한 번 겨울에 한 번 가보았는데 각각 계절마다 모두 좋았지만, 겨울에 가니 온 동네에 해놓은 크리스마스 장식이 너무 잘 어울려 곳곳에 쌓인 눈조차도 영화 속 장식 소품처럼 완벽해 보였다.

특히 눈이 가득 쌓인 공원에 아이를 유모차처럼 작은 썰매에 태우고 가는 모습이 평화로움을 표현한 영화처럼 느껴졌다.

아주 작은 도시지만 도심 중심에 테이 강(Tay river)을 끼고 공원도 있고, 작은 공원(Stewart park)도 있고, 도서관도 있고, 아기자기한 카페와 빈티지(vintage) 가게가 많이 있다. 그리고 도시 규모에 비해 예쁜 카페나 식당들이 많이 있어 하루 코스로 다녀오기 좋은 곳이었다. 그리고 주말에는 여러 가지 마켓이 열려 동네 축제하는 분위기를 느낄 수 있다.

우리는 중고 가게에 들러 책을 보고 오래된 회중시계를 기념품으로 하나씩 사고 근처 식당으로 갔다. 독일 전통 음식점(Schnitzel)이라고 해서 들어갔는데 음식이 나와보니 우리나라 돈까스와 똑같은 음식이라 결국 고르고 고른 메뉴가 돈까스냐며 한참을 웃었다. 다른 나라 음식으로 외식 메뉴에 성공하기 쉽지 않아 운이 좋았다 생각하고 맛있게 먹었던 기억이 난다.

건물이 낮고 유유자적 평화로운 도시를 좋아하는 걸 보면 나의 개인적인 성향이 캐나다와 맞는다는 생각이 들었다. 하지만 백 년이 훌쩍 넘은 건물에서 살 수 있겠냐고 물어본다면 짧은 기간 시도는 해보겠지만 오랫동안 살 수는 없을 거라고 대답을 할 것 같다.

228

아름다운 공원이지만 겨울이면 온통 눈으로   공립 도서관마저 퍼스스러운 건물이다.
덮인다.

6

미국 여행을 국내 여행처럼!

🍁 ──── LA 여행 2020 vs 2023

캐나다에 오기 전 아이들과 미국에 머물렀을 때 이야기를 많이 했었다.
여행이 아닌 오랜 기간 살아보기를 처음 했던 곳이라서인지 태어나서 한
곳에서만 살던 아이들에게는 제2의 고향처럼 느껴졌던 것 같다. 캐나다에
갈 때 미국과 가까운 곳이라는 생각에 머무는 동안 LA 여행을 꼭 한 번 해

229

야겠다고 생각했다. 캐나다인들은 미국을 국내선 타고 국내 여행하듯 수월하게 간다 느꼈는데 캐나다인이 아닌 우리가 미국을 가는 일은 국내 여행하듯 마냥 수월하지는 않았다.

5월 비수기 가장 싼 비행기에 맞춰 여행 계획을 세웠다. 비행시간은 길지 않지만 저렴한 비행기를 찾다 보니 경유로 갈 수밖에 없어 갈 때는 뉴욕을, 올 때는 캘거리 경유로 예매했다. 그리고 미국 관광비자(ESTA)는 온라인으로 미리 신청해 놓았다.

캐나다에서 미국을 넘어갈 때는 특이하게 이민국이 캐나다 공항에 있었다. 출국하면서 입국심사를 미리 하는 것인데 아이들과 여행하는 아주 평범한 가족이지만 까다로운 미국답게 여러 가지 질문을 받았다.

Q: 미국에는 왜 가니?

A: 아이들이 유니버셜 스튜디오를 가고 싶어 해.

Q: 캐나다에는 어떤 비자로 머물고 있니?

A: 우린 스터디 비자, 비지터 비자야.

Q: 너희가 모두 여기 머무는데 누가 돈을 벌어서 스폰서를 해줘?

A: 남편이 하지.

Q: 너희 남편은 어디에 있어?

A: 한국에 있지만 3달에 한 번씩 방문하고 있어.

Q: 얼마나 머물 예정이야?

등등 단순한 질문을 계속했고 지문을 찍을 때는 나의 약지손가락에 있는 반지를 일부러 한 번 만져보는 것을 느꼈다. 그리고 모든 수속이 끝날 때 다시 한 번 "언제 돌아와?"를 물어보며 의심스러운 눈초리를 거두지 않았다. 항상 느끼는 거지만 미국은 내가 돈을 쓰러 가는데도 불구하고 여러 가지로 참 어려운 나라이다.

대부분 캐나다 사람들의 핸드폰은 별다른 로밍 과정 없이 미국에서 그대로 사용할 수 있다. 몇 명에게 물어봤는데 같은 대답을 들어 핸드폰을 로밍하지 않고 갔다가 내가 사용하는 핸드폰은 자동 로밍이 되지 않는 것을 경험하고 너무 당황했었다. 모든 예약이나 소통을 핸드폰으로 하는데 작동이 되지 않으니 당장 예약한 호텔을 찾아가는 것도 어려웠다.

근처에 타겟(TARGET)을 찾아 로밍이 가능한 유심을 사서 해결했는데 유심 종류도 많고 가입하는 것도 너무 제각각이라 한참 동안 애를 먹었다. 무엇보다 허둥지둥거리며 당황하는 모습을 아이들에게 보이면 아이들도 같이 불안해 할까 애써 괜찮은 척 방법을 찾았지만 아직도 그 순간을 생각하면 등골이 서늘해진다.

2020년 경험했던 LA 여행과 2023년의 LA 여행은 모든 것이 달랐다.

2020년, 10세, 7세, 막 3돌이 지난 막내를 데리고 스쿨링을 할 생각을

231

어떻게 했던 건지 지금의 내가 생각해도 그 용기가 대단했다는 생각이 든다. 나도 아이들도 지금보다 영어도 훨씬 못하고 미국 학교에 대해 아무것도 몰랐는데 어쩜 그렇게 용감했었는지……. 결과적으로 본다면 무모한 나의 결정은 아이들에게 큰 자산이 되어 이후 캐나다행을 선택하는 데 어렵지 않았으니 정말 좋은 경험이 되었던 것은 맞았다.

LA 여행은 한참 〈해리포터〉에 빠져 있던 둘째 아이의 유니버설 스튜디오 방문을 소원하며 계획되었다. 때마침 한국 어린이날 무렵이라 아빠가 〈해리포터〉 망토나 지팡이 등 그동안 비싸서 사지 못했던 것들을 어린이날 선물로 사라고 해서 잔뜩 기대하고 출발했다.

3년 만의 여행이었지만 바뀐 게 거의 없이 그대로라 아이들은 기억 속의 모습들을 찾으며 신나서 돌아다녔다. 3년 전 찍은 사진 속 모습을 찾아 같은 포즈로 사진을 찍기도 하고 놀이기구를 탈 때면 이 타이밍에 뭐가 나온다고 이야기하기도 하며 마치 추억여행을 하는 듯한 즐거운 여행이 되었다.

모든 여행에서 느꼈듯 엄마만 찾던 아이들이 점점 스스로 해결해가는 것들이 많아지니 이렇게 편한 여행일 수가 없었다. 예전처럼 더 이상 이유식을 먹는 아이가 있어 짐이 많은 것도 아니고, 유모차를 타는 아이도 없으니 어디든 못 가겠는가 싶은 생각이었다.

2020년의 아이들.

2023년의 아이들.

미국에는 알고 지낸 지인들이 많아 그동안 만나고 싶었던 사람들을 만나러 다니는 여행이 되기도 했다. 그 중 첫째 아이의 어렸을 때부터 친했던 친구가 미국에서 홀로 유학 중이었는데 마침 그 아이가 다니는 학교에서 오픈하우스 행사를 그 무렵에 해 그 학교를 방문해 친구를 만났다. 다음 일정부터는 그 친구도 데리고 팜스프링(Palm Springs)이라는 사막의 휴양지로 갔다.

LA에서 차로 1시간 30분 정도면 갈 수 있는 곳인데 캘리포니아에서도 휴양도시로 알려진 곳이었다. 끝이 보이지 않던 낯선 풍경의 사막을 지나 마치 신기루처럼 멀리 우뚝 선 도시를 보자 그동안 우리가 볼 수 없었던 또 다른 자연의 모습을 보았기에 좋은 여행지를 선택했다고 생각했다. 사막을 지나는 중 풍력 발전을 위한 커다란 풍력발전기가 2,000개 이상 있었는데 이것 역시 그동안 볼 수 없었던 색다르고 멋진 풍경이었다. 팜스프링의 대부분 호텔은 가족 중심의 여행지라 그런지 방도 크고 세탁기, 건조기 등 편한 시설이 많았다. 현지인들도 많이 가는 휴양지인 만큼 다운타운을 나가 휴양지를 느끼고 싶었지만, 사막답게 너무 더워 아이들은 나의 마음과 다르게 호텔에서 수영하고 휴식을 취하는 것을 가장 원했다.

팜스프링의 여행 중 가장 기억에 남는 것은 세계에서 가장 큰 회전형 크램(Aerial Tramway)이었는데 2,596m까지 올라가는 동안 360도 회전하는 케이블카였다. 케이블카의 도착지는 샌재신토주립공원(Mount San Jacinto State Park)의 한가운데인데 사막임에도 불구하고 공기가 차가워지고 중간중간 녹지 않는 눈과 얼음도 볼 수 있다.

사막과 숲과 눈이 공존하는 이곳은 캐나다와는 또 다른 느낌의 대자연의 웅장함을 느낄 수 있었기에 LA 여행을 한다면 꼭 가보길 추천한다.

팜스프링 여행은 무엇보다 첫째 아이는 보고 싶었던 친구를 한국이 아닌 먼 미국에서 만나게 되었음이 특별하게 느낀 여행이 되었을 것이다.

팜스프링의 가장 유명한 조형물.

세계에서 가장 큰 회전형 크램(Aerial Tram-
way).

다운타운의 동전 던지는 분수는 어느 나라나
있는 듯.

사막이지만 산꼭대기에는 눈과 얼음이 있다.

235

LA의 모든 여행을 마치고 돌아오는 비행기 시간이 조금 남아 동네 평범한 놀이터에서 시간을 보냈는데 이 시간 역시 아이들에게는 기억에 남는 시간이 되었다고 한다. 항상 느끼는 것이지만 전 세계 어느 유명하고 근사한 도시를 가더라도 아이들이 가장 좋아하는 곳은 박물관이나 테마파크보다 다름 아닌 나라마다 특색 있는 다양한 놀이터이다.

셋이 참 잘 놀았는데, 한국에 온 이후 이런 시   뭐든지 커다란 스케일의 미국 놀이터.
간을 갖기가 힘들다.

🍁 ─── 뉴욕. 엄마와 아이가 훌쩍 성장함을 본 의미 있는 여행

나의 마음속에는 오래된 버킷리스트(bucket list)가 있었다. 버킷리스트라고 이름 붙일 정도로 거창하지 않지만 내심 멋있다고 생각했던 것이라 기회가 된다면 꼭 한번 해보고 싶었다.

그것은 바로 차를 직접 운전해서 다른 나라의 국경을 넘어가 보는 것이었다. 재미있게 보던 많은 영화 속에서 자유를 찾거나 일탈하는 장면이 나오면 꼭 국경을 넘어가는 장면이 등장했다. 우리나라에서 차로 넘어갈 수 있는 유일한 지역이 북한인 것을 생각하면 우리나라 국적을 가진 사람이 국경을 차로 넘는다는 것은 현실에 일어날 수 없는 영화 속에서나 가능한 상상에 불과한 것이었기에 더 멋있다고 생각했을지도 모른다.

캐나다에서의 생활이 익숙해질 무렵 친구, 이웃들과 주말을 어떻게 지냈는지 스몰톡을 자주 했는데, 그럴 때 자주 들을 수 있었던 이야기가 뉴욕에 다녀왔다는 것이었다. 그러면서 중간에 어디를 들렀더니 시간이 얼마나 걸리더라, 무엇을 먹었는데 맛있었다 등등 주말 1박 2일 혹은 2박 3일을 우리가 서울에서 강원도 가듯이 편안하게 이야기했다.

캐나다와 미국의 국경은 차로 1시간 내외면 갈 수 있는 곳이었는데 왜 미국을 비행기로만 간다고 생각했을까? 그때부터 기회가 된다면 꼭 한번 국경을 차로 넘어가 뉴욕을 가야겠다는 마음이 생겨나기 시작했다.

인터넷으로 뉴욕 여행에 관한 검색해 보았는데 미국 경찰이 캐나다 번호표를 단 차를 보면 무조건 잡아서 과태료를 준다, 혹은 사고가 나면 곤란한 일이 생긴다 등 걱정이 가득한 이야기가 너무 많이 있어서 쉽게 용기를 낼 수가 없었다.

8시간이 넘는 운전은 할 수 있었지만 혹시 모를 응급사태를 어떻게 처리할 수 있을지가 걱정이 되었다. 언제나처럼 어른이 1명만 있는 여행은

237

돌발 상황에 대처할 수 없으니 쉽게 실행할 수가 없었다. 그래서 '다음 기회에… 다음 기회에….' 미루기만 하고 마음속에 넣어 두었다.

그렇게 시간이 흘러 한국에 귀국할 날짜를 결정하고 나니 제일 아쉬운 게 무언지를 생각하게 되었다. 캐나다에 1년 동안 머물면서 할 수 있는 것은 다 해 본 것 같았는데 국경 차로 넘어가기를 해보지 못한 것이 끝까지 아쉬움으로 남았다. 다시는 기회가 올 것 같지 않아 귀국하기 2주 전 바로 뉴욕 호텔을 예약하고 서둘러 뉴욕 여행을 준비했다.

1년 동안 정말 많은 곳을 여행했지만, 아이들에게 뉴욕 여행을 이야기하자 처음 가는 곳에 대한 기대감으로 눈이 초롱초롱해졌고 뉴욕에 가서 해보고 싶은 것들을 찾아보고 정리하기 시작했다. 이쯤 되니 여행에 대한 준비도 아이들이 각자 할 수 있게 된 것 같았다. 출발하면서 네비게이션을 찍었는데 700km가 넘는 난생처음 보는 킬로 수를 보고 과연 무사히 도착할 수 있을지 걱정되는 마음이 들었지만, 아이들에게는 절대 티내지 않으면 열심히 운전했다.

무사히 미국 국경에 넘어 무시무시하다던 이민국에 들어가 간단한 수속을 하는데 왜 이리 긴장이 되던지…. 미국 땅에 들어가는 순간 높지 않은 블록을 하나 넘었을 뿐인데 완전 다른 공기인 것처럼 느껴지고 도로 표지판의 전혀 다른 표기를 보고 미국임을 실감했다.

　뉴욕 호텔 값이 만만치 않아 고민하다 타임스퀘어 한가운데 위치가 좋은 호텔을 예약했다. 차가 많이 막히고 복잡한 뉴욕 시내를 매일 왔다 갔다 할 자신이 없었고 아이들을 데리고 대중교통으로 움직이는 게 불가능할 것이라는 생각에 비용이 좀 들더라도 걸어서 주요 관광지를 볼 수 있는 곳을 예약했다. 다행히 평일 비수기라 호텔 가격이 그리 비싸지 않은 좋은 위치의 좋은 호텔을 예약할 수 있었고 머무는 내내 차를 한 번도 이용하지 않고 다닐 수가 있었다.

　일찍 출발했다고는 하지만 도착하니 밤 10시가 가까운 시간이었다.

　운전하느라 지친 나도, 차 속에서 오랜 시간 불평 없이 있었던 아이들도 배가 고파 저녁 먹을 곳을 찾으며 이곳이 뉴욕임을 실감했다. 밤 10시면 온통 깜깜하고 문 연 식당을 찾을 수 없는 캐나다에 비해 길거리에 사람이 넘치고 많은 가게가 영업 중이었다.

"엄마, 여기 와보니 우리가 얼마나 시골에 살았는지 알 것 같아."

"엄마, 여기 좀 봐봐. 엄청 커다란 전광판이 있어. 여기 삼성이 나와. 우와!"

"엄마, 그런데 저 사람은 남자야? 여자야?"

"길거리에 왜 이렇게 경찰이 많아?"

　뉴욕 못지않게 복잡한 도시인 서울 한가운데서 태어날 때부터 살았던 아이들이었는데 마치 시골에서 막 도시에 상경한 아이들처럼 모든 것들을

239

LOVE보다 HOPE.

시골 아이들마냥 전광판이 신기한 아이들.

그림처럼 예쁜 센트럴파크 기념품.

신기해하고 모든 것들을 주의 깊게 살펴보는 모습에서 캐나다 1년이 아이들에게 많은 변화가 있었음을 다시 느끼게 되었다.

다음 날 아이들이 가장 기대하던 일정이 있었다. 누구나 아는 유명한 관광명소가 아니라 아이들이 가장 좋아하던 책『오므라이스 잼잼』에 나온 뉴욕의 한 식당을 가기로 한 일정이었다.

주니어스베이커리(Junior's bakery) 라고 치즈 케이크가 유명한 곳이었는데 이곳에서는 책에 나와 있는 대로 무엇을 꼭 먹어야 한다며 기대에 찬 아이들은 구글 지도를 보고 잘도 찾아갔다. 생각보다 음식이 특별히 맛있지는 않았다고 아이들과 나 역시 느꼈지만, 책에서만 본 뉴욕의 식당을 직접 찾아가 보고 책에서 소개되었던 메뉴를 직접 맛볼 수 있다는 것만으로도 아이들에게 좋은 경험과 추억이 되었다.

그리고 브로드웨이(Broadway)에 왔으면 제대로 된 뮤지컬은 한 편 봐야지라는 생각에 비싼 가격이지만 뮤지컬을 보러 가기로 했다. 갑자기 결정한 여행이라 예매할 수 없었고 다행히 그날 팔리지 않은 표를 40~50% 정도 할인된 가격으로 살 수 있는 TKTS라는 부스가 있어 부스가 열리는 시간에 맞춰 사기로 했다. 〈알라딘〉, 〈라이언킹〉, 〈해리포터〉 등 여러 가지 뮤지컬이 있었는데 아이들의 의견 일치가 쉽게 되지 않았다. 대부분을 동생들에게 양보하는 첫째 아이가 〈해리포터〉를 절대 양보하지 않았기에 결정이 더 어려워져 가위바위보로 결국 〈해리포터〉가 결정되었다. 둘째, 셋

241

Junior's bakery. 유명한 이유가 무엇일까?

센트럴파크는 내가 한번 가보고 싶어서 일정에 넣었다.

어느 나라, 도시를 가든 도서관은 꼭 한번 가 본다.

어떤 아이템이든 마케팅에 강한 미국. 초콜릿 하나도 제대로 판다.

뉴욕에서 유람선을 타면 뉴욕의 명소는 눈으 로 다 볼 수 있는 것 같다.

243

째 아이가 보고 싶었던 〈라이언킹〉은 2자리씩 나눠 앉은 표만 남아 있었던 반면 다행히 4자리가 붙어 있는 〈해리포터〉가 결정되어 편안하게 관람할 수 있었다. 무려 3시간이나 걸린 긴 뮤지컬이었고 〈해리포터〉에만 나오는 단어들을 잘 알지 못해 나는 긴 시간 졸면서 앉아 있었다.

그래도 이제 나와 아이들은 브로드웨이에서 뮤지컬을 직접 경험했으니 만족했다.

짧은 시간 계획 없이 간 여행이었지만 유람선을 타고 자유의 여신상(the Statue of Liberty), 베뉴빌딩(Benue Building), 브루클린 브릿지(Brooklyn Bridge) 등을 돌아보았고 엠파이어스테이트 빌딩(Empire State Building), 시립도서관, M&M store, 해리포터 스토어 등 대부분의 관광지를 둘러볼 수 있었다.

브로드웨이 오리지널 뮤지컬 감상하는 것만으로도 좋은 경험이 되었다.

244

나에게 뉴욕 여행이 특별했던 이유는 나의 버킷리스트를 실행해서 뿐만이 아니었다. 캐나다에서 1년을 머무는 동안의 결과물과 같은 아이들의 성장을 확실히 보고 느낄 수 있었기 때문이었다. 긴장하며 영어를 버벅이던 첫째 아이는 1년 동안 키가 훌쩍 자라 이제 엄마의 보호자가 되어 줄 만큼 든든해졌고, 아기처럼 보이기만 하던 두 딸은 3시간이 넘는 공연을 의젓하게 볼 수 있을 정도로 자라 있었다.

무엇보다 많은 한국의 고학년, 중학생들이 가지고 있는 단편적이고 부정적인 사고를 하지 않고 부모와 계속 소통하며 문제를 해결해 나가는 법을 습득하게 된 것을 알게 된 것 같았다. 그동안은 엄마만 따라다니며 시키는 대로만 하던 여행이었다면 엄마도 처음 오는 지역이라 잘 모른다고 하자 같이 생각하면서 지도를 잘못 보고 길을 헤매며 머리를 맞대고 해결책을 찾아내고 의견 일치가 되지 않았을 경우 차선책을 찾아가는 과정이 여행 내내 아이들과 진정으로 함께하는 여행을 하고 있음을 느낄 수 있었다.

그리고 LA 여행에서 맛있게 먹었던 음식점 체인을 뉴욕에서 보고 반가워하는 아이들을 보고 내가 방배동에서 먹던 맛집, 제주도, 속초, 양평에서 먹던 맛집을 기억하는 것처럼 아이들은 LA에서 먹던 맛집, 토론토에서 먹던 맛집을 같은 수준으로 생각할 수 있는 것이 부러웠다.

캐나다로 돌아오는 국경 보더에서 "너 캐나다 비자가 2주밖에 남지 않았어. 알고 있지?"라는 말을 들었을 때 갑자기 눈물이 쏟아져 "난 곧 한국으로 돌아가."라는 말을 하기가 참 어려웠다. 비몽사몽 자던 아이들은 "COME BACK이 아니라 GO BACK이지. 엄마 영어가 그게 뭐야?"라며 지적을 했지만, 나의 마음이 한국보다 캐나다에 조금 더 머물고 있어서 나온 표현이라는 생각이 들었다. 다시 이런 여행을 할 수 있는 날이 올 수 있을까? 생각하며 다시 끝없이 운전을 시작하며 무사히 집으로 돌아왔다.

CHAPTER 4

한국에서
미리
준비할 것들

초등 졸업장 받기가
이렇게 어려운 일이었나?

첫째 아이가 한국에서 6학년 1학기를 마무리하고 2학기 9월에 캐나다로 갔다. 캐나다에 가면 초등이 아닌 중학교로 진학하기 때문에 초등학교 졸업장을 받지 못하는 게 가장 걱정이 되었다. 첫째 아이는 캐나다 1년 이후 미국이나 캐나다의 사립학교 등 다음 진학도 고려해야 하는 상황이라 그때마다 졸업장을 제출해야 하는데 받지 못한다는 게 난감했다.

여러 가지 방법들을 알아보았는데 1년 중 수업 일수의 2/3를 채우면 진급 조건이 충족되어 결석일 수가 많은 상태로 졸업이 가능하다는 것을 알게 되었다. 현재 다니는 학교, 교육청, 나중에 진학해야 하는 중학교 등등 여러 곳에 문의해 본 결과 알아낸 것이었다.

각각 문의하고 알아보는 과정에서 그 당시 담당하시는 분들이 생각보다 자세히 알지 못하였고, 많은 아이들이 각각 사정이 다르다 보니 내 아이의 특별한 상황을 일일이 신경 써주시지는 못하는 게 당연했다. 그 모든 것을 세심히 알아보고 살펴야 하는 것 역시 오로지 엄마의 역할이었다. 처음에는 대부분 부정적인 이야기가 대부분이었지만 많은 정보와 규칙들을 찾아보고 그 자료들을 들고 학교에 이야기하니 오히려 학교에서 '이렇게도 할 수 있겠네요.'가 된 것이다.

모든 상황에서 한 번 더 두드려보고 한 번 더 알아보고 또 한 번 더 찾아보게 되면 대부분 완벽하게 해결이 되지 못하더라도 차선책을 찾을 수 있다. 아이에 관한 문제라면 지금의 결정이 미래에 어떤 영향을 미칠지 모르기에 매 순간 더욱더 신중하고 만의 하나의 상황까지 준비하고 대비해야 하는 것이 옳다고 생각한다.

첫째 아이는 초등학교도 사립에서 공립으로 전학 후 그마저도 마치지 못하고 캐나다에서의 1년 후 다른 곳으로 옮겨가는 과정만 놓고 본다면 무슨 문제가 있어서 학교를 계속 옮겨 다녔을 것이란 인상을 충분히 받을 수가 있었다. 전혀 그렇지 않은 상황이었지만 초등학교 졸업장이 없다면 이 모든 과정을 일일이 설명해야 하는 뻔한 상황이었다.

누군가는 초등 졸업장이 일생에 그렇게 중요하지 않으니 너무 신경 쓰지 말라고 하기도 하지만 다음 단계 진학을 위해서는 꼭 필요한 서류 중 하나임은 당연한 사실이다. 특히 외국에서 유학생을 받을 때는 일반적 않지 않은 상황에 대해서는 반드시 자세히 설명할 것을 요구한다. 이 상황을 설명하기 위해 여러 개의 서류가 덕지덕지 문서보다는 결석이 좀 많은 상태이지만 공식적인 이 졸업장 한 장이 깔끔하고 훨씬 이해하기가 수월할 것이라고 판단했다.

결과적으로 첫째 아이는 초등학교 졸업장을 무사히 받을 수가 있었다.

🍁 ─── 세상 처음 겪은 휴교

8월 중순 비자가 나오자마자 준비했지만 이미 너무 늦은 시기였기에 출국 날짜도 겨우겨우 등교일에 맞춰 개강이 한 달도 남지 않은 시점에 비행기표를 예매했다. 하지만 출국 3일 전 말도 안 되는 일이 일어났다. 갑작스러운 태풍으로 인한 아이들 학교의 휴교가 결정된 것이었다. 이 어이없는 휴교는 출석 일수에서 제외되어 첫째 아이가 딱 하루 차이로 졸업장을 못 받게 된 것이었다. 세 아이를 모두 학교에 보내는 몇 년 동안 날씨에 관한 휴교를 처음 경험했었는데……. 하필 그날이 그날이라니…….

게다가 휴교를 결정한 그날의 날씨는 찬란할 만큼 맑다 못해 눈부신 날씨라 눈물이 나올 정도였다. 그해 가을은 유독 추석 연휴가 빨라 휴교 다음 날부터 추석 연휴가 시작되었다. 그 하루 차이로 일주일 정도 출국을 미룰 수밖에 없는 상황이 되어 버려 모든 상황을 알고 계셨던 학교 측에서도 어쩔 방법이 없다는 말씀만 했고, 내가 다녀야 하는 캐나다 대학교는 개강한 상태라 한 주라도 더 늦게 출국하면 다음 학기 수업을 들어야 하는 난감한 상황이었다. 그렇게 되면 아이들의 학교도 다음 학기부터 다녀야 하고 단 한 장이 블록으로 전체가 넘어지는 도미노처럼 다 뒤로 밀리는 정말 난감한 상태였다.

안 그래도 짧은 시간 동안 준비하느라 출국 준비를 위한 쇼핑은커녕 당장 필요한 짐도 제대로 못 싸고 정신없이 아이들 학교만 뛰어다녔는데 마지막 날 이렇게 말이 안 되는 일이 생기다니……. 그 순간에는 처음으로 캐나다에 가는 게 과연 옳은 일인지에 대한 근원적인 의심이 들 정도였다. 막상 유학을 결정하고 앞만 보고 빠르게 실행했지만 아이 셋을 데리고 내가 공부하면서까지 게다가 영어도 잘 못하는데 무사히 지낼 수 있는지에 대한 걱정은 어느 누구보다 내가 제일 많았다. 표현할 수는 없었지만 그러한 내적인 갈등을 끊임없이 겪고 있었는데 첫 출발부터 이런 말도 안 되는 상황이 등장하니 앞으로 캐나다 현지에서는 예측할 수 없는 더 많은 일이 생길 텐데 어떻게 하지 하는 걱정들이 한꺼번에 밀려왔다.

그래도 어떻게 하겠는가? 돌아가기엔 너무 멀리 와 버렸고 그동안 들인 돈과 시간과 노력이 그만두기에는 너무 아까웠다. 그리고 계산기를 아무리 두드려도 지금 그만두게 되면 손해가 너무 컸다.

이왕 마음먹고 실행한 일 여기서 포기할 수 없었고 일단 앞으로 한 발짝이라도 내딛어봐야지. 정말 힘들어서 안 되겠으면 중간에 다시 돌아오더라도 일단 비행기라도 타보자는 오기가 생겼다. 부랴부랴 산처럼 쌓였던 짐을 다시 풀어 첫째 아이 짐을 다시 챙기고 비자 관련 서류도 다시 따로 챙겼다.

결국 나와 둘째, 셋째 아이는 예정대로 출발하였고 첫째 아이와 남편은 추석 연휴를 보내고 출석 일수를 채운 뒤 출발했다. 그 당시에는 너무 큰 일이었고 어떻게 해야 할지 몰라 고민되었지만 지나고 보니 그리 복잡하지 않은 문제였고 따로 출국하는 것도 나쁘지 않은 선택이었다.

 인생의 매 순간들이 다 비슷한 것 같다. 예상하지 못한 어려운 일이 닥쳤을 때는 해결되지 않을 것 같고 어떻게 해야 할지 알 수 없어 우왕좌왕하기도 한다. 하지만 시간이 지나고 나서 다시 생각해 보면 그렇게 복잡한 문제도 아니었고 걱정했던 것보다 잘 해결되는 경우가 대부분이다. 오히려 그때 그 일을 겪음으로써 지금 더 좋은 결과를 내는 경우도 많이 있다. 다만 예상하지 못했던 일이라 당황했을 뿐인데 외국에서의 생활은 특히나 그런 경우가 더 많은 것 같다. 전혀 모르는 곳에 전혀 다른 문화를 배경지식 부족한 내가 이해해야 하니 예측할 수 없는 상황들은 많은 것은 어찌 보면 당연하다. 하지만 한 발자국 물러서서 지금 내 앞의 일들을 객관화시켜 보려 노력하고 그래도 해결이 안 되는 것들은 주변에 조언을 구하다 보면 조금 더딜 수는 있지만 결국은 해결하게 된다. 하나님은 내가 감당할 만한 크기의 문제만 던져 주신다. 그리고 지금의 그 문제들을 잘 이겨내면 더 큰 복을 주신다고 했으니 내 앞의 시련은 내게 오려고 기다리는 복의 다른 모습이라 생각하고 편안한 마음을 가지고 한 단계씩 나아가 보자. 걱정만 한 채 아무것도 하지 않으면 아무 일도 일어나지 않는다. 앞으로 나갔다 잘못된 길이면 다시 돌아오면 된다.

253

캐나다 현지에서 친구, 이웃들을 만나면 난 이런 말을 자주 했다.

"혹시 내가 영어를 잘못 이야기하거나 무례한 행동이나 표현을 쓰고 있다면 어려워 말고 나에게 말해줘. 나는 여기에 배우러 온 사람이야. 영어뿐 아니라 너희들의 다양한 문화도 배우는 중이야. 내가 몰라서 하는 실수라고 생각하고 네가 해주는 충고는 앞으로 나에게 큰 도움이 될 거야."

실제로 친해진 이웃은 나의 잘못된 표현이 있다면 고쳐주고 다음에 만났을 때는 다시 확인시켜 주었는데 전혀 기분 나쁘거나 창피하지 않았다. 웃는 얼굴로 지적해주고 농담처럼 나누니 기분 나쁘지 않게 칭찬을 곁들이는 좋은 표현 방법을 배운 셈이었다.

한국으로 귀국하면서 첫째 아이에게 이런 말을 했다.

"너는 한국인이 아무도 없는 학교에서 많은 도전을 하며 오롯이 1년을 혼자 이루어 낸 훌륭한 아이야. 그 귀한 경험으로 세계 어느 나라를 가더라도 잘 살 수 있을 거라고 엄마는 믿어. 너가 미국이든 캐나다든 혹은 아프리카 오지를 간다 하더라도 엄마는 너를 이제 온전히 믿고 보낼 수 있으니 앞으로의 결정은 너에게 맡기도록 할게. 지금은 일단 한국으로 돌아가지만 앞으로의 진로는 너 스스로가 고민하고 결정하도록 하자. 엄마가 앞서서 너에게 해줄 수 있는 것은 이제 여기까지야. 앞으로는 너가 앞서서 하고 엄마는 뒤에서 도와주기만 할게."

254

사랑하는 아이들아! 엄마가 항상 뒤에 있으니 마음껏 훨훨 날아다니렴.

🍁 ────── 한국 학교의 행정 처리! 인정 유학 or 미인정 유학

초등은 부모의 유학 이직 등 인정 유학으로 허용되는 부분이 많이 있지만 중등 이후부터는 부모와 학생 본인의 유학은 인정 유학으로 되지 않고 부모의 직장 관련 발령장이 있어야만 인정 유학으로 간주 된다. 초등, 중등 둘 다 인정 유학이 되려면 부모가 모두 출국해야 하는 부분은 똑같다.

인정 유학, 미인정 유학. 이 두 가지의 차이점은 우리가 느끼기엔 딱히 없다. 미인정 유학은 정원 내로 관리가 되고 인정 유학은 정원 외 관리가 되기 때문에 학교에서의 행정 처리는 다르게 해야 하지만 내가 느끼기에는 돌아왔을 때 시험을 보고 재입학을 하는지 무시험으로 재입학을 하는지 이 차이뿐이었다. 하지만 이 시험마저도 지역마다 다르니 그다지 다른

255

것은 없다고 느껴질 만하다.

정리해 보면 인정, 미인정은 합법적인 유학인지 아닌지를 처리하는 방법이다. 그리고 이 방법은 의무교육 대상자인 초등, 중등 학생까지만 해당이 되고 고등학생은 의무교육 대상자가 아니기 때문에 자퇴 후 인정 유학으로 가능하다.

인정 유학은 유예 처리되어 결석 처리가 되지 않고 미인정 유학은 유학 시작일부터 1/3 이상 되는 때까지 무단결석으로 처리되고, ㄱ 이후는 정원 외 학적 관리로 처리된다. 미인정 유학 후 한국에 돌아왔을 때 원칙적으로는 나이에 맞는 학년으로 재취학이 불가능하나 유학 간 곳에서 당시의 학년을 이수했다면 학교장의 재량으로 간단한 시험 이후 재입학이 가능하다.

유학 후 돌아오는 아이들이 가장 관심이 많은 재외국민 특별전형은 각각의 대학마다 조건을 정해서 시행하는데 대부분 대학에서는 고등학교 1학년을 포함하여 최소 2~3년 이상을 해외의 교육과정을 수료하면 자격을 부여한다. 단 대학마다 기준이 다르니 개별적으로 일일이 확인해보는 게 가장 좋다.

중학생 미인정 유학일 경우 해당 학교에서 시험을 보고 원하는 점수를 넘지 않으면 2주 뒤 학군 내 다른 학교에서 다시 시험을 봐야 했다. 국영 수사과 이렇게 5과목을 보는데 6학년을 다닌 아이라면 충분히 풀 수 있을 만큼 쉬운 수준이라 떨어지는 아이는 거의 없었다.

이 시험에 첫째 아이는 5과목 모두 100점을 맞아 외국에서 온 아이가 만점은 처음이라며 학교의 많은 칭찬을 받고 시작할 수 있었다.

지역별로 시험 없이 입학하는 곳도 있으니 진학하게 될 학교에 문의해 보는 것이 가장 정확하다.

그리고 원래 다니던 초등학교로 간 두 아이도 별 무리 없이 재입학할 수 있었다.

첫째 아이는 중1 여름 방학을 지나 9월에 귀국했는데 배정되는 학교가 과밀이라 자리가 없으면 집 앞의 학교를 놔두고 멀리 배정받을 가능성이 가장 큰 걱정이었다. 그래서 교육청 사이트에 입학 가능 정원을 자주 확인했는데 매일 업데이트가 되니 이 부분이 걱정된다면 수시로 들어가서 확인한다면 귀국 시기를 결정하는 데 도움이 될 수 있다.

257

유학 준비는 무조건
영어부터 시작!

    캐나다 유학을 준비할 때 가장 먼저 해야 할 것은 영어 공부이다. 열심히 영어 공부하던 아이들도 캐나다를 간다고 정해지면 그 순간 영어 공부를 소홀히 하게 되는 경우를 많이 보는데, 오히려 최선을 다해야 더 준비하는 것이 바로 영어이다. 영어 실력 차이에 따라 캐나다 초기 적응 기간이 짧아지고 그만큼 누릴 수 있는 것들이 많아진다. 내 아이들이 짧은 1년이란 시간을 온전히 누릴 수 있었던 이유도 일상생활을 할 수 있는 정도의 영어를 미리 습득해 학교 적응하는 시간을 줄여서인 듯하다.

    만약 내가 전혀 알아들을 수 없는 언어를 하는 사람들에 둘러쌓인 채로 대부분 시간을 보낸다고 상상해보자. 얼마나 힘들고 두렵겠는가? 나의 아이들에게 그런 환경을 만들어 준다면 더 위축되고 작은 것이라도 말하기 힘들어하는 상황이 되니 최소한 기본적인 의사 표현은 할 수 있는 정도의 영어 실력은 만들어 주고 가는 것을 추천한다.

    그렇다고 크게 걱정하지 않아도 되는 것이 유아기부터 영어를 접하는 한국 아이들은 대부분 영어 수준이 캐나다의 다른 이민자보다 높다. 그리고 엄마들도 중고등학교 시기에 배운 영어가 절대 헛되지 않았다고 생각

박진영, 캐나다 엄마되기

258

한다. 비록 발화하는 정도까지 이르지 못해 머릿속에 지식으로만 머물러 있을 뿐이지 여기에 다음 단계인 말하기로 이어진다면 급속도로 빠르게 발전할 수 있는 기본기를 가지고 있다.

요즘 한국의 영어교육도 많이 달려져 회화 위주로 수업을 이끌어 가는 곳이 많다. 그리고 영어권 나라 아이들이 배우는 교과서나 교재들을 가지고 수업하는 곳도 많아져 학습적인 면에서 캐나다 학교에 적응하는 게 그렇게 어렵지는 않을 것 같다는 생각이다.

그동안 학습 위주의 수업을 들었다면 캐나다 유학을 결심하는 순간부터는 화상영어나, 회화 수업에 조금 더 할애하는 영어 공부를 추천한다.

난 비행기를 타는 전날 직전까지 영어뿐 아니라 수학이나 운동 등 아이들의 모든 일정을 그대로 지켰다. 유학을 앞두고 설레는 마음에 생활이 엉망이 되어 버릴까 봐 걱정도 있겠지만 혹시나 일정대로 진행되지 않을 경우 버리는 시간을 최소화하기 위해서였다. 오랫동안 노력해서 만들어진 학습, 생활 습관이 무너지는 데는 그리 많은 시간이 걸리지 않는다. 캐나다에 가는 것도 여행이 아닌 생활, 학습의 연장이기에 그 습관 그대로 유지하는 것도 중요한 부분이라고 생각했기에 이 부분도 계속 신경 써야 한다.

3

캐나다에서 아주 유용한
학습 태블릿

캐나다 단기 유학인 만큼 한국에 돌아왔을 때 학습 공백 없이 이어지는 것도 반드시 생각해야 한다. 기본적인 수학 문제집은 미리 챙겼지만, 고학년이다 보니 사회, 과학 등 다른 과목들도 소홀히 할 수가 없었다.

그렇다고 모든 문제집과 책을 모두 챙겨갈 수 없으니 대안으로 학습 태블릿을 가지고 갈 것을 추천한다. 코로나를 겪으면서 탭 하나로 전 과목 동영상 강의를 들을 수 있는 도구들이 정말 많아졌다. 이 기기들의 장점은 한번 가입하면 초등 중등 고등까지 모든 과목 강의를 들을 수 있다는 것인데 강의에 맞춰진 시중 문제집도 있으니, 그에 맞춰 미리 준비해 가는 것도 좋은 방법이다. 혹시 참고서나 문제집이 준비되지 않았더라도 한국 대형서적, 책 구매 사이트에서도 해외 배송이 가능해 캐나다에서도 어렵지 않게 구할 수 있다.

한국에 있을 때는 학습 탭을 자세히 보지 않아 몰랐는데 만화책이나 필독 도서 등 한국 책이 전자책 형식으로 많이 들어 있었다. 우리 집 아이들은 모두 책을 좋아하는데 영어책만 잔뜩 있는 캐나다에서 한국 책이 그리울 때 잘 활용했다.

TV가 없는 기간 동안 여러 가지로 잘 활용했던 탭.

학습탭 덕분에 셋째도 스스로 공부할 수 있는 습관이 만들어졌다.

문자 수신용
한국 핸드폰은 남겨두자

오랜 시간 외국에 머물게 되면 한국에서 쓰던 핸드폰을 정지해두고 가는 일이 많다. 하지만 한국 인터넷 뱅킹이나 이 외에 핸드폰으로 본인 인증을 해야 할 일이 생각보다 자주 있다. 모든 확인 수단에 한국 핸드폰 번호를 등록해놨으니 그 번호가 없으면 일을 전혀 진행할 수 없을 때가 많으

261

니 한국 핸드폰 번호의 수발신은 정지해두더라도 문자 수신만 가능하게 해주는 서비스를 이용하자. 그리고 그때마다 유심을 바꿔서 사용하는 것도 불편하니 잘 쓰지 않는 핸드폰을 하나 가지고 가 한국 유심을 넣어두면 편하게 사용할 수 있다.

5

한국 여행자,
유학생 (장기체류) 보험

각 보험 회사별로 해외 장기체류 보험, 유학생 보험 등의 상품이 있다. 1년 동안 4명의 비용이 백만 원이 되지 않는 수준이라 부담 없이 가입할 수 있다. 현지에서는 가입이 되지 않는 것으로 알고 있지만 미리 가입 후 출국 시 체류 기간이 길어질 경우 만기일 이내에 신청하면 현지에서라도 가입 기간을 늘릴 수 있으니 예정보다 기간이 길어질 때도 잊지 말고 연장하기를 추천한다. 무엇보다 보험에 가입하지 않으면 혹시 아이들이 다칠까 불안한 마음이 있어 자유로운 활동을 할 수가 없다. 출국 준비가 정신없을 때 놓치기 쉬워 인천 공항에서 가입하기도 하지만 공항에서 가입하면 비용이 많이 차이가 있으니 잊지 말고 꼭 챙기길 바란다.

6
영어 공부와 관련된 교재

캐나다에 가는 가장 큰 목적은 영어를 배우는 것이다. 하지만 우리가 모국어로 하는 국어도 공부해야 하듯 당연히 영어도 공부해야 실력이 늘고 그만큼 수준 높은 영어를 구사할 수 있다. 그리고 캐나다 현지에서 배우는 영어와 한국에 돌아와 접해야 할 학교, 시험용 영어는 전혀 다른 영역이라 학습적인 영어 공부도 소홀히 해서는 안 된다.

만약 영어권 나라에 오랫동안 머물 예정이라면 필요가 없겠지만 단기로 유학하고 한국으로 돌아올 계획이라면 또 다른 영역의 한국식 영어 공부는 꼭 필요하다. 원어민 수준의 영어를 구사하고 높은 차원의 영어를 받아들이는 아이라면 전혀 문제가 없겠지만 적당한 수준의 한국 아이들에게 한국에서 배우게 되는 영어는 분명 다른 영역임이 확실하다.

나뿐만 아니라 외국 생활을 마치고 돌아와 영어학원 등록을 위한 테스트를 봤던 수많은 부모님들은 우리나라 아이들의 월등한 영어 실력에 놀라게 된다. 나 역시 아무리 그래도 영어권 나라에서 1년 동안 학교를 다녔는데 나름 괜찮은 학원은 들어가겠지 생각했었지만 대단한 착각이었다. 세계 어느 나라를 가더라도 한국 아이들의 학습식 영어는 물론 영어 회화 실력은 최고 수준임은 부정할 수가 없다.

263

그에 대한 준비로 한국에서 흔히 보는 교재 bricks나 중등 영어교재인 3800제 영문법, 혹은 필수 영단어 같은 영어교재를 꾸준히 공부하기를 추천한다.

한국에서 영어학원을 다닐 때는 매일 나가는 많은 양의 진도에 헉헉거리며 해치우듯이 숙제했다면 상대적으로 캐나다에서는 시간적 여유가 있으니 한 권을 천천히 제대로 공부할 수 있는 좋은 기회가 될 수 있다. 천천히 생각하면서 자기 것으로 만드는 공부 방법을 체득할 수 있을 것이다.

그리고 캐나다는 기본적으로 책이 비싸다. 학교 수업을 들어야 하는 부모님들은 한국에서 테스트를 보고 반 배정을 받았다면 그에 맞는 교재를 한국에서 미리 가지고 가기를 추천한다. 현지에서 70달러 정도 했던 교재가 한국에서 2만 원 대의 가격으로 살 수 있었고 학교 내 서점에서도 여분이 많지 않아 구하기 어려울 수 있으니 가능하면 한국에서 준비해 가도록 하자. 그러나 책의 무게가 꽤 나가 책을 많이 넣다 보면 다른 짐을 넣을 수 없게 된다. 앞서 말했지만, 우리나라에서 출판되는 책은 해외 배송도 가능하니 당장 공부하고 볼 책이 아니면 너무 무리해서 가지고 가지 않아도 된다.

⑦ 이외의 소소한 생활용품

 의류 및 안경

캐나다 전체적으로 공산품의 가격이 높지만 질은 가격만큼 좋지 않다. 특히 의류는 질 좋은 물건을 사려면 말도 안 되는 가격을 지불해야 하지만 그조차도 체형이 맞지 않거나 디자인이 나 색이 동양인에게 전혀 어울리지 않는 경우가 많다. 특히 속옷이나 양말은 한국이 무조건 좋으니 많이 준비해 가는 것이 좋다.

그리고 추운 나라이지만 두꺼운 옷이나 목까지 올라오는 옷, 기모바지 등 겨울용 의류를 찾기가 힘들다. 겨울이 길고 춥지만, 실내는 난방이 잘 되어 있어 현지인들은 생각보다 두꺼운 옷을 입지 않는다. 캐나다 겨울 날씨가 익숙하지 않은 우리 가족은 두꺼운 옷들을 찾지 못해 결국은 한국에 요청해 택배로 두꺼운 옷을 한가득 받은 적이 있었다.

단 스키복이나 부츠 등은 현지에서 구매하기를 추천한다. 우리나라보다 종류도 많고 성능도 좋고, 가격도 훨씬 저렴하다. 나는 한국에서 좋은 스키복, 외투들을 준비해 갔었는데 아이들이 현지 아이들과 비슷한 겉옷을 입기를 원해 한국에서 가지고 간 좋은 겉옷들을 거의 입지 않았다. 그리고 월마트, 코스트코 등에서 파는 스키복을 교복처럼 입었다.

캐나다에서는 안경 맞추는 일도 꽤 번거롭고 비용이 많이 든다. 일단 시력 검사를 예약하기까지도 오래 걸리고 이후 안경이 맞춰 나오는 데도 시간이 꽤 걸린다. 우리나라처럼 가볍고 편안한 안경은 잘 없고 다소 투박한 디자인의 무거운 알이 대부분이라 한국에서 여분을 준비해 가는 것이 좋다. 우리 집 아이들은 눈이 나빠 여분 안경뿐 아니라 도수를 넣은 물안경, 운동용 고글까지 다 준비해 갔었는데 유용하게 잘 사용했다.

♣ ─── 여분의 증명, 여권용 사진

우리나라처럼 사진을 찍고 수정하는 기술이 발달하지 않은 캐나다에서는 서류용 사진을 만드는 일이 쉽지 않다. 캐나다에서 여권을 재발급해야 하는 상황이 되어서 둘째 아이 여권용 사진 찍는 곳을 찾았는데 사진 찍는 곳은 여러 곳이 있었으나 우리나라처럼 전문적인 사진관이 아니라 편의점에서 카메라로 찍은 후 바로 현상해주는 정도의 서비스였다. 그리고 사진 뒤에 찍은 날짜를 기록해줘 사진의 기간이 있는 서류에 다시 사용할 수 없는 경우도 있다.

당연히 얼굴 수정이나 밝기 조절 등 어느 하나도 되지 않았고 캐나다 여름을 지난 직후라 둘째 아이의 사진은 마치 인디언 소녀처럼 나온 사진 그대로 여권을 만들었다.

캐나다에 막 도착하면 학생증, 신분증을 만들 때 사진이 필요한 경우가 종종 있다. 보통 그 자리에서 바로 사진을 찍어 업로드하는 경우가 대부분이지만 조금 더 예쁜 사진을 원한다면 한국에서 찍은 사진을 가지고 가거나 파일이라도 가지고 있기를 추천한다.

🍁 ──── 고추장, 된장 등 분말로 된 양념

캐나다에도 한인 마트가 잘되어 있고 기본적인 음식 재료는 대부분 구할 수가 있다. 한인 마트를 가지 않더라도 월마트 정도의 대형마트에 가면 아시안 코너가 있어 한국 식재료를 한인 마트보다 오히려 더 싸게 구매할 수도 있다.

위에서 언급했던 것처럼 같은 음식 재료라도 우리나라에서 먹던 그 맛이 아니다. 매운 음식을 잘 먹던 아이들도 캐나다에서 산 한국 고추장은 너무 맵다고 잘 먹지 못했다.

그래서 자주 먹게 되는 고추장, 된장 등 기본적인 양념은 한국에서 가지고 가는 것을 추천한다. 요즘은 코인 육수, 국물용 분말, 떡볶이 양념 등 휴대가 편한 조미료가 많이 있다. 한국에서 한식을 잘 먹지 않던 아이들도 캐나다에 가면 집에서는 내내 한식만 찾게 되니 가능하면 넉넉히 준비해 가는 것이 좋다.

🍁 ──── 수저 세트, 도시락용 수저 케이스

캐나다에 사는 내내 찾아다녔지만 결국 구하지 못한 게 있다. 쇠로 된 가느다란 한국식 수저, 젓가락인데 일본식, 중국식 수저 젓가락은 많이 있었지만 미묘하게 달라 매일 사용하기에 불편했다. 오타와가 작은 도시라 없으려나 싶어 토론토의 대형 한인 마트에 가서도 찾아봤지만 불편한 것들만 있어 결국 남편이 캐나다에 올 때 주문해 한국에서 가지고 들어 왔다.

그리고 매일 아이들 도시락을 가지고 다니는데 수저를 잘 이용하지 않는 문화라 도시락통은 많아도 도시락용 수저 케이스도 찾기 어려웠다. 한국 다이소에서 싸고 흔하게 살 수 있는 작은 아이템들이 매 순간 아쉬웠다. 아이들이 생각보다 자주 잃어버리기도 하고 금방 더러워질 수 있으니 여분으로 여러 개를 가지고 가도록 하자.

✦ ─── 1회용 비닐 팩, 장바구니

한국에서도 1회 용품, 비닐 용품을 낭비하는 게 싫어 항상 장바구니를 가지고 다녔다. 아이들 라이드 중간중간 짬이 생기면 장을 보는 습관이 있어 언제 장을 볼지 모르니 차에도 항상 커다란 장바구니를 가지고 다녔다. 캐나다에서도 이러한 나의 습관이 잘 활용되었다.

캐나다는 우리나라만큼 쇼핑용 비닐이 질이 좋지 않다. 매번 돈을 내고 사야 하는 것은 우리나라와 같았지만 조금만 넣어도 찢어져 들고 다닐 수 없을 정도로 품질이 좋지 않다.

그리고 지퍼백은 종류별로 정말 많고 가격은 그리 비싸지 않았지만, 한국에서 흔히 쓰는 매듭 없는 비닐팩을 구할 수 없어 불편함을 겪었다. 그리고 무엇이든 대용량을 사야 하는 캐나다지만 커다란 장바구니가 없어서 불편한 점이 많았다. 주위를 둘러보면 장바구니보다 박스에 물건을 싣고 다니는 모습을 자주 볼 수 있었지만, 박스를 구비해 놓지 않은 마트가 더 많았고 아무래도 장바구니를 들기가 더 편했다.

종종 계산대에서 한국에서 가지고 간 커다란 코스트코 장바구니를 꺼내 담으면 이거 어디서 살 수 있냐며 많은 사람들이 물었다. 현지에서도 큰 사이즈의 장바구니를 구매해 사용해봤는데 쉽게 찢어져 오랫동안 사용할 수가 없었다. 가방에 항상 넣고 다니는 작은 장바구니도 정말 유용했는데 장바구니라고 하기에는 예쁜 것들이라 현지 친구들에게도 좋은 선물이 될 수 있으니 여유 있게 가지고 가는 것도 좋다.

🍁 ——— 화장품

캐나다 친구들이 나에게 하는 칭찬 중 하나가 피부에 관한 것이었다. 그렇다고 내가 다른 한국의 피부 미인처럼 광이 날 정도로 유달리 좋은 편은 아닌데 외국에 나와 있으면 항상 듣는 칭찬이다. 한국은 무슨 화장품을 쓰는지 자주 물어봤는데 한국 화장품을 캐나다 코스트코에서도 자주 볼 수 정도로 우리나라 화장품에 대한 이미지가 좋고 현지인의 반응도 좋다.

나는 당장 쓸 정도의 기초 화장품을 가지고 갔었는데 현지에서 사려고 하니 마땅한 게 없었다. 캐나다의 올리브영 느낌의 화장품 전문점 샤퍼스(Shoppers drug mart), 렉셀(Rexall) 등에 가면 쉽게 볼 수 있는 로레알 정도가 괜찮았는데 품질에 비해 가격이 너무 높아 쉽게 살 수가 없었다. 코스트코에 한국에서는 볼 수 없는 '조선미인'이라는 브랜드의 화장품이 있었지만, 그것도 손이 잘 가지 않았다.

내가 쓰는 화장품뿐 아니라 예쁜 케이스의 아기자기한 립밤이나 립스틱, 매니큐어, 다양한 종류의 마스크팩은 현지인에게 환영받는 좋은 선물이 될 수 있다. 캐나다에 머무는 동안 선생님이나 이웃에게 선물할 일이 많이 있으니 여유가 된다면 이런 아이템을 준비해 가는 것을 추천한다.

한국산이지만 잘 모르는 브랜드. 생각보다 비싼 가격에 손이 가질 않았다.

우리나라에서는 잘 볼 수 없는 한국 화장품 '조선미인'.

8
귀국을 위한 준비

 ──── **캐나다, 한국 학교 모두 미리 문의하자**

한국으로 돌아올 때 한국 학교에 제출해야 할 서류를 미리 알아두고 준비하도록 하자. 특별히 어려운 서류나 절차는 없지만 재학 증명서나 성적표 등도 행정 처리가 느린 캐나다의 학교에 미리 이야기해 두어야 귀국 일정에 무리가 없이 받을 수가 있다. 캐나다 학교는 방학 중에 모든 행정 업무도 같이 방학하니 방학 중 귀국 예정이라면 더욱 미리 준비해야 한다.

얼마 전까지 귀국 학생들의 학적 서류를 해당 대사관에서의 공증 후 제출해야 했지만, 요즘은 아포스티유에 등록된 학교라면 별다른 공증 절차가 필요로 하지 않는 것도 편리해진 부분이다. 한국 학교에 문의해 본 결과 필요한 서류는 캐나다에서 학교를 다녔다는 증거로 학업 시작일, 종료일이 적인 학교장 직인이 담긴 확인서와 성적증명서, 그리고 출입국증명서 정도였다.

느린 행정을 감안해 적어도 2주 전에 이야기했었는데 첫째 아이는 학업 종료일이 제대로 표기되지 않았었고, 둘째, 셋째 아이는 한국 이름이 아닌 영어 이름으로 표기가 되어 나와 난감했었다. 그조차도 귀국 2일 전에 받아 수정할 여유가 없었다. 다행히 첫째 아이는 하루 차이라 일단 제출 후 다시 수정할 생각으로 이메일로 수정한 후의 서류를 다시 부탁했고, 동생

271

들은 생년월일이 나와 있어 영어 이름이 나온 상태로 제출할 수 있었다.

간단히 날짜 수정 후 바로 서류를 발급해 주는 게 어려운 일일까 싶었지만, 교장 선생님이 사인해야 할 서류가 밀려 있으니 자기들도 언제 될지 모른다는 대답에 당황했었다. 하지만 1년을 지내는 동안 캐나다 행정 속도에 익숙해져 그리 화가 나지는 않았다.

다시 출발하는 마음

　캐나다를 떠난 지 1년 반 만에 다시 찾았다. 한국으로 돌아온 뒤 캐나다에 다시 가자고 입버릇처럼 말하는 둘째만 데리고 갔는데, 비행기를 타는 순간 1년 반 전 아이들을 데리고 갔던 그날이 생각났다.

　3일 내내 밤새워 짐을 싸고 풀다를 반복하느라 거의 잠을 못 자고, 피곤했는지 몸살 기운도 더해져 유학 생활을 걱정하기는커녕 과연 무사히 캐나다까지 잘 도착할 수 있을까 하는 걱정이 먼저였다.

　연착이 잦기로 유명한 에어캐나다는 첫 출발부터 연착했고, 덕분에 토론토에서 바로 이어서 타기로 한 비행기 시간을 맞출 수 있을지 촉박한 시간에 마음이 급했다. 게다가 내가 타야 하는 오타와행 비행기가 그날 마지막 비행기라 만약 놓치면 다음 날 가는 것을 타야 한다고 이야기를 들어 더욱 마음을 졸였다. 늦은 시간 춥고 낯선 곳에서 비행기를 놓치고, 커다란 가방을 여러 개 들고, 아이들과 근처 호텔을 예약하고 가야 하는 상황

273

은 상상만으로도 답이 나오지 않을 만큼 힘들었다.

토론토 공항에 도착하자마자 엄청난 속도로 뛸 준비를 했지만, 이민국에 들러 비자를 받고 가야 했다. (캐나다는 어느 지역으로 이동하든지 처음 도착하는 캐나다 도시에서 비자를 발급받는다.) 다행히 약자를 배려해 주는 게 익숙한 캐나다는 밤늦은 시간 아이들과 긴 줄에 서 있는 나를 위해 창구를 하나 새로 열어 빠르게 비자를 받을 수 있게 해주었다. 이민국에서 비자를 받지 못할 수 있다는 이야기도 많이 들었던 터라 걱정이 되었지만 내가 예상했던 기간 그대로 문제없이 수월하게 발급되었다.

이제 또 뛰어야 하는데……. 토론토 공항 내의 국내선 국제선 구별하는 공간에서 한참을 헤맸다. 그 당시 나에게는 토론토나 오타와는 다 국제선이었으니, 헷갈릴 수 밖에…….

아이들 손을 잡고 또 목적지를 향해 열심히 뛰었지만 그사이 게이트는 바뀌어 있고, 국내선에 다시 들어가니 또다시 가방 검사를 해야만 했다. 여기서 가방 속 노트북을 꺼내지 않은 실수로 비행기를 놓쳐버리고 말았다. 내 가방을 다시 검사하기를 여러 번…. 속도가 느린 캐나다의 공항은 내 비행기 시간에 아랑곳하지 않고 그들만의 시간으로 흘러갔다. 아슬아슬 게이트에 도착했는데 이미 문은 닫혀버린 직후였다.

왜 그랬는지 모르겠지만 갑자기 눈물이 펑펑 쏟아졌다. 그동안의 긴장이 한 번에 풀린 듯 말을 하지 못할 만큼 눈물이 났는데 옆에 있던 아이들

274

이 놀랐는지 우는 엄마를 달래주려 애를 썼다.

한국에서의 정보와 다르게 마지막 비행기 한 편이 더 남아 있다는 말을 듣고 안심이 되었지만, 눈물은 쉽게 그치지 않았다. 한국에서부터의 긴장과 걱정이 한순간 한꺼번에 몰려온 기분이었다. 많이 늦은 시간 배고픈 아이들을 데리고 일단 눈앞에 보이는 햄버거집에 들어가 배를 채우고 한숨을 푹 쉬고 있었던 기억이 났다.

바로 그 햄버거집을 1년 반 만에 보게 되었는데 같은 곳을 1년 반 만에 다시 와서 바라보자니 많은 생각이 들었다.

이제 영어도, 캐나다 생활도 여유로워져 연착이든 길을 잃든 그다지 겁이 나지 않는 내 모습을 보았고, 그날 공항에서 먹었던 햄버거가 A&W라며 정말 맛있었다고 아직까지 말하는 아이의 여유로움도 느끼며 처음 토론토 공항에서 뛰던 그때와는 다르게 여러 가지 면에서 성장한 우리들의 모습을 보게 되었다.

캐나다로 떠나던 그날을 생각하면 공항에서 비행기를 타는 그 순간 내가 과연 잘 지낼 수 있을지 겁이 났었다. 그동안은 정신없이 준비하느라 그런 생각할 겨를이 없었는데, 비행기를 탄 그때가 되어서 현실로 다가온 것이다. '안 되면 돌아와야지.' 하던 마음이 '혹시 크게 아프거나 다치는 일이 생기면 어떻게 할까?'로 발전했다. 영어가 유창하지 않은데 문제없이 일상을 할 수 있을까? 운전은 잘할 수 있을까? 아이들 학교 행정은 어떻게

다시 마주친 토론토 공항의 A&W.

아이들 기억 속 정말 맛있는 햄버거 첫 집. 정작 난 아무 맛도 느낄 수
없었다.

처리될까? 내가 공부할 여력이 있을까? 정말 현실적인 걱정들이 많았지만, 다행히 그날 딱 하루로 걱정은 끝났다.

캐나다에 도착한 이후부터 하루하루 정신없이 지내면서 걱정들은 금방 사라졌지만, 캐나다로 가는 첫 비행기를 타는 그 순간의 마음이 쉽게 잊히지 않는다.

비행기를 타면서 혹시 사고가 나면 어떡하지? 하는 수준의 걱정이 비행기에서 내리면 사라지듯 그 걱정들도 금방 사라져서 다행이었다.

다시 찾은 캐나다에서 마치 어제 있었던 곳이었던 것처럼 전혀 어색하지 않고 편안함을 느꼈으니 나와 아이들 모두 1년 동안 행복하고 건강하게 참 잘 지내었다고 다시 한번 감사했다.

그리고 캐나다의 처음과 끝 모든 과정을 함께해주고 힘이 되어준 지훈, 한나에게 감사 인사를 전한다.

둘째의 친구 Maryam, 온 가족이 항상 먼저 인사해주고 고마웠다.

오타와에서 가장 많은 시간을 보낸 한국 친구 세아, 세준, 그리고 미라

첫째가 활발하게 활동한 오타와한인교회 중고등부. 교회 사람들이 현
지 적응에 정말 많은 도움을 주었다.

제일 자주 만나 놀던 동네 친구들.

레몬에이드 팔기의 언니들 버전. 팔찌 만들어 팔기.

둘째 학교생활이 행복할 수 있도록 도와준 고마운 친구들.

첫째 아이와 처음 친해진 학교 친구 Nayan. 귀국 후에도 계속 연락을 하고 있다고 하니 평생 친구가 되지 않을까 싶다.

같은 축구팀 멤버로 아직도 키즈메신저로 연결되어 있는 친구들.

친구 집에서 하는 플레이 데이트는 항상 즐겁다.

둘째의 베스트프렌드 Mehda, Leen.

어슬렁거리다가 축구도 하는 동네 친구들.

스쿨버스 기다리는 시간이 동네 친구들
과 친해지는 시간이다.

좋은 이웃을 만나는 것은 캐나다 생활의 가장 큰 복.

바로 옆집에 살았던 이란 이웃 Ali. 가끔 파티에 초대해줬는데 이란
사람들의 파티 문화를 제대로 경험했다.

역시 이란 이웃 Zohreforoushi & Rosha. 이름이 너무 어려워 그
냥 조조라고 불렀다.

옆집 꼬마 아가씨 Rosha 생일 파티에 초대받은 날.

285

직접 쿠키를 만들어 선물해준 고마운 친구 Sunny.
엄마가 중국 사람이고 남편은 스리랑카 사람인 다국적 가계도를 가지
고 있다.

나의 첫 번째 클래스메이트. 참 정이 많고 따뜻한 터키 친구 Ozdumano.

나에게 필요한 가장 많은 정보와 도움을 준 베트남, 인도 이웃. Camy, Jyothi.

귀국 후 한국에 방문한 고마운 친구 Chan.